FRANCKE

Marie Jürgenmeyer

Fröhliche Runde mit Senioren – Band 2

Modelle und Ideen für die Seniorenarbeit

FRANCKE
Verlag der Francke-Buchhandlung GmbH

Leider konnten nicht alle Rechte geklärt werden.
Im Falle, daß eventuell bestehende Rechte
von uns übersehen wurden, bitten wir die Rechteinhaber,
sich mit uns in Verbindung zu setzen.

Die Deutsche Bibliothek – CIP-Einheitsaufnahme

Fröhliche Runde mit Senioren : Modelle und Ideen für die Seniorenarbeit /
Marie Jürgenmeyer. – Marburg an der Lahn : Francke
(Gemeinde-Praxis)
Bd. 2 (1998)
ISBN 3-86122-358-9

35037 Marburg an der Lahn
Texterfassung: Verlag der Francke-Buchhandlung GmbH
Umschlaggestaltung: Reproservice Jung, Wetzlar
Titelfoto: ZEFA
Satz: Druckerei Schröder, 35083 Wetter/Hessen
Druck: St.-Johannis-Druckerei, 77922 Lahr 32056

Gemeinde-Praxis

Inhaltsverzeichnis

Anstelle eines Vorworts 7
1. Abend ward, bald kommt die Nacht 11
2. Brunnen gibt es, viele Brunnen 18
3. Das blaue Wunder 27
4. Es geht um die Zeit und die Uhren 36
5. Es schmeckt so gut 45
6. Franz von Assisi, ein Leben im Dienst Gottes 54
7. Matthias Claudius, ein fröhlicher Christ 62
8. Morgenstunde hat Gold im Munde 73
9. So schön ist's im Harz 82
10. So viel Schönes gibt's im Herbst 91
11. Sterne zur Weihnachtszeit 102
12. Unsere Muttersprache 110
13. Erntedank - Unser täglich Brot 120
14. Unsere Freunde, die Vögel 133
15. Von Pfauen und Schwänen 146
16. Von Wäldern und Bäumen 155
17. Wie gut, daß es ein Pfingstfest gibt 170
18. Winterleiden – Winterfreuden 180
19. Wir freuen uns an Blumen 190
20. Wißt ihr noch, damals 199

Anstelle eines Vorworts

„Der Herr Jesus hat mein Leben so reich gemacht!"
Schwester Marie Jürgenmeyer im Gespräch mit dem Leiter des Stiftsheims in Kassel, Friedrich Trapp

Friedrich Trapp: Sehr geehrte, liebe Schwester Marie Jürgenmeyer, wenn ich es richtig weiß, ist es jetzt der zweite Band, den Sie zum Thema Gruppenarbeit mit alten Menschen veröffentlichen. Beeindruckend an Ihren Büchern finde ich, mit wieviel fachlicher Kompetenz Sie einerseits und mit wieviel Einfühlungsvermögen in die Lebenswelt alter Menschen Sie andererseits Ihre Gruppenstunden gestalten. Wann und wie sind Sie in den Bereich der Altenhilfe gekommen?

Schwester Marie: Gut erinnere ich mich noch, daß ich 1971 die erste Seniorenfreizeit in unserem Freizeitheim mitgestalten sollte. Darum beschäftigte ich mich zum ersten Mal eingehend mit dem Altwerden. Ich erkannte, wie notwendig das Wissen über altersgerechte Ernährung, Lernfähigkeit im Alter und wie durchgehend nötig die Förderung körperlicher Aktivitäten und manches andere ist. Als Vorschläge gab ich weiter, was ich erkannt habe. Ich richtete mein persönliches Leben daran aus. Damit habe ich gute Erfahrungen gemacht.

Friedrich Trapp: Und was hat Sie von Marburg nach Kassel geführt?

Schwester Marie: Ich habe dort unsere Schwestern besucht und beraten, die in Altenheimen tätig waren. 1988 siedelte ich dann als Heimbewohnerin in das Stiftsheim in Kassel über.

Friedrich Trapp: Die „Fröhliche Runde" ist im Stiftsheim ja seit vielen Jahren zu einer festen Institution geworden. Gibt es zu ihr eine Entstehungsgeschichte?

Schwester Marie: Als Bewohnerin des Stiftsheimes nahm ich an den angebotenen Veranstaltungen teil: am Singkreis, an Vorträgen und an der Andacht. Als die Leiterin des Singkreises ausfiel und niemand einspringen konnte, bot ich mich an und erweiterte den Singkreis zur „fröhlichen Runde" mit Singen, Vorlesen, Gespräch und Gedächtnistraining.

Friedrich Trapp: Von der „Fröhlichen Runde" bis zum ersten Buch war es doch sicherlich ein weiter Weg. Was hat Sie veranlaßt, Ihre Gruppenstunden zu veröffentlichen?

Schwester Marie: Ich hatte einige Gruppenstunden schriftlich ausgearbeitet, vervielfältigt und Interessierten weitergegeben. Das teilte ich dann dem Verlag mit, der schon einiges von mir herausgegeben hatte. Der Verlag forderte mich dann auf, weitere, praktisch erprobte Themenentwürfe herauszugeben.

Friedrich Trapp: Was mich an Ihren Gruppenstunden besonders beeindruckt, ist, daß bestimmte inhaltliche Elemente immer vorkommen und ganz unterschiedliche Empfindungen und Bedürfnisse der Teilnehmer angesprochen werden.

Schwester Marie: Wichtig ist mir, daß ich sehr unterschiedliche Themen aus dem Interessenbereich der Teilnehmer wähle und so gestalte, daß Verstand, Gemüt und Wille angesprochen werden.

Friedrich Trapp: Einen besonderen Stellenwert scheint mir bei Ihnen das Gespräch zu haben. Teilen Sie diese Einschätzung?

Schwester Marie: Ja, voll und ganz! Die meisten Senioren leben einsam und können sich deshalb wenig mitteilen. Darum ist es wichtig, das Gespräch zu fördern. Ich erlebe, wie glücklich und befreit sie sind, wenn sie es gewagt haben, sich am Gespräch zu beteiligen. Ihr Wertbewußtsein wurde gestärkt.

Friedrich Trapp: Was nicht gebraucht wird, droht verloren zu gehen, oder wer rastet, der rostet. Dies scheint mir in besonderer Weise für das Gedächtnis zu gelten. *Gedächtnistraining* ist in jedem Stundenentwurf enthalten?

Schwester Marie: Ja, das ist so. Bei vielen Senioren ist ein gutes Langzeitgedächtnis vorhanden. Das gilt es wachzurufen und zu beleben durch Gedankenanstöße und intellektuelle Aufgaben. Dadurch wird zugleich das Kurzzeitgedächtnis mit gefördert. Das macht es auch leichter, mit den Altersnöten umzugehen.

Friedrich Trapp: Biographiearbeit ist das „Zauberwort“ in der Altenhilfe der letzten Jahre. Sie verwenden zwar diesen Begriff nicht, obwohl Sie das, was damit gemeint ist, in jeder Stunde praktizieren. Ganz offensichtlich sind Sie Ihrer Zeit schon vorausgewesen.

Schwester Marie: Durch Lieder und Gedichte aus der Jugendzeit werden Erinnerungen wachgerufen. Die ausgewählten Themen weckten viele gute Erinnerungen, allerdings manchmal auch traurige, die dabei aber aufgearbeitet werden können.

Friedrich Trapp: Neulich habe ich nach einem Geburtstagsgeschenk für eine ältere Dame gesucht, sie ist gehbehindert und kann deshalb ihre Wohnung nicht mehr verlassen. Und obwohl sie keine Gruppenstunde besucht, geschweige denn, je eine halten wird, habe ich ihr die “Fröhliche Runde mit Senioren“ geschenkt, überrascht Sie das?

Schwester Marie: Nein, jetzt nicht mehr. Zu meinem Erstaunen stellte sich heraus, daß nach dem Erscheinen des Buches auch Einzelpersonen die „Fröhliche Runde mit Senioren“ gern gelesen haben. Vor allem wegen der alten Lieder und Gedichte. Sie hatten aber auch Gewinn durch die Vorschläge zum Gedächtnistraining und Gespräch.

Friedrich Trapp: Nicht alle Menschen stehen so fest im Glauben wie Sie, Schwester Marie. Ist es da nicht oft schwierig, solche Andachten zu halten?

Schwester Marie: Nein, das ist nicht schwierig. Der Herr Jesus hat mein Leben so reich gemacht und erfüllt. Deshalb ist es nicht schwer, anderen von ihm zu sagen. Schwierig ist es nur, die rechten Worte zu finden, daß die Hörer oder Leser das Gotteswort verstehen und die Liebe Gottes und unseren Herrn Jesus Christus recht erfassen.

Friedrich Trapp: Ich wünsche Ihnen und mir, daß Sie noch viele „Fröhliche Runden“ im Stiftsheim halten können, um die Menschen bei uns auch weiterhin an Ihrer Lebensfreude und Ihrem großen Gottvertrauen teilhaben zu lassen. Ihrem Buch wünsche ich eine weiter wachsende Lesergemeinde, die Ihre Idee der „Fröhlichen Runde“ in der Altenarbeit weiter verbreitet.

1. Abend ward, bald kommt die Nacht

Programm:

1. *Lied:* Kein schöner Land oder Abend ward, bald kommt die Nacht
2. *Kurzvortrag*
3. *Kanon:* Oh wie wohl ist mir am Abend
4. *Gedicht:* Abends daheim
5. *Gedicht:* Abend im Dorf
6. *Gespräch:*
   Erinnerungen an schöne Abende
   Erinnerungen an schwere Abende
   Erinnerungen an eigene Kinderzeit oder Abende mit Kindern
7. *Kassettenlied, zum Beispiel:* Ruhe nach des Tages Müh
8. *Gedicht:* Wenn der Abend naht
9. *Lied mit rhythmischen Bewegungen*
10. *Lesung:* Ein Sommerabend in der guten, alten Zeit!
11. *Wunschlieder*
12. *Andacht*
13. *Gebet*
14. *Lied:* Nun sich der Tag geendet

Texte zur Durchführung:

1. Lied: Kein schöner Land oder
Abend ward, bald kommt die Nacht

2. Kurzvortrag: Abend ward, bald kommt die Nacht.

Jeder, der einmal schwer krank war, jede Krankenschwester, aber auch viele Senioren wissen um sehr notvolle Nächte. Darum klagt Hiob: Elender Nächte sind mir viel geworden. Ein Dichterwort sagt: Die Nacht ist keines Menschen Freund.

Um das Dunkel der Nacht gut zu durchstehen, die Lage zu erleichtern, gilt es, die Abende recht zu durchleben. Darum beteten unsere Vorfahren: „Einen gesegneten Abend, eine gesegnete Nacht gebe uns Gott." Was gilt es dabei zu beachten? Zunächst ganz praktische Dinge:

Maßhalten in Essen und Trinken, also nicht zu wenig, nicht zu viel oder zu schwere Kost. Eine leichte Spätmahlzeit ist ratsam: Ein Joghurt, ein Apfel o.ä.

Vorm Schlafengehen noch frische Luft einatmen, dazu ein kleiner Abendspaziergang oder leichte Gymnastik am offenen Fenster mit tiefem Ein- und Ausatmen.

Für unser Gemüt ist es wichtig, Aufregungen durch Gespräche, Lektüre, Fernsehen am späten Abend möglichst zu meiden. Auch das sorgsame Einnehmen der verordneten Medizin ist wichtig. Eine große Hilfe kann das Hören oder Summen von Abendliedern sein. Unsere Generation kennt ja noch manches auswendig.

3. Kanon: Oh wie wohl ist mir am Abend, mir am Abend

Oh wie wohl ist mir am Abend, mir am Abend,
wenn zur Ruh die Glocken läuten, Glocken läuten.
Bim bam, bim bam, bim bam.

(Kanon zu drei Stimmen!)

4. Gedicht: Abends daheim

Wenn es draußen Abend wird,
ist's daheim gemütlich;
alle rings am großen Tisch
tun sich dann recht gütlich.

Vater holt die Zeitung vor,
liest beim Lampenschimmer,
schmaucht sein Pfeifchen froh dabei,
Mutter strickt wie immer.

Emsig näht das Schwesterlein
für sein Puppenpärchen,
und ich lese stillvergnügt
meine Lieblingsmärchen.

Leise nur die Wanduhr tickt,
Piepmatz schläft schon friedlich.
Wenn es draußen Abend wird,
ist's daheim gemütlich.

Alwin Freudenberg, Lesebuch

5. Gedicht: Abend im Dorf

Die Abendglocken rufen das weite Tal zur Ruh,
die Herden von den Bergen, sie ziehn dem Dörfchen zu.
Welch feierliches Schweigen, die Blumen fromm sich neigen,
sie kommt mit ihrer Pracht: die stille Nacht.

Da schmückt sich der Himmel mit Sternen groß und klein,
da kommt der Mond gezogen in hellem Demantschein.
Wohin ich immer spähe, fühlt alles deine Nähe,
fühlt alles deine Nacht, o stille Nacht, o stille Nacht.

6. Gespräch

Erinnerungen an schöne Abende; Erinnerungen an schwere Abende; Erinnerungen an eigene Kinderzeit oder Abende mit Kindern.

7. Kassettenlied, zum Beispiel: Ruhe nach des Tages Müh
(Kassette ERF: Abendlieder)

8. Gedicht: Wenn der Abend naht

Wenn der Abend naht, muß der Tag sich neigen,
und an Saum und Pfad steht das große Schweigen,
nur im Dörflein schlicht und traut
klingt der Abendglocken Laut.

Wenn der Abend naht, rauschen sacht die Bäume,
und am Mühlenrand hocken Märchenträume,
stille reifen Korn und Keim,
und die Herden ziehen heim.

Wenn der Abend naht und die Sterne flimmern,
wenn vom Felsengrund Diademe schimmern,
segnet Gottes Gnadenhand
dich, mein liebes Heimatland.

Fritz Kuhfuß

9. Lied mit rhythmischen Bewegungen

Abend wird es wieder, über Wald und Feld
(Hände zusammenlegen, abwechselnd rechts und links unter den seitlich geneigten Kopf – 4 x im Takt)
säuselt Friede nieder, und es ruht die Welt.
(Arme vorstrecken und zurück – 8 x im Takt)

Nur der Bach ergießet sich am Felsen dort,
(Wellenbewegung mit Händen . . .)
und er rauscht und fließet immer, immer fort.
(Knie abwechselnd heben und senken im Takt)

So in deinem Streben bist mein Herz auch du.
(Beine grätschen und zurück im Takt – 4 x)
Gott nur kann dir geben wahre Abendruh.
(Hände über Kreuz auf die Brust und Arme ausbreiten – 4 x im Takt)

10. Lesung: Ein Sommerabend in der guten, alten Zeit!

Unter der Linde draußen an der Stadtmauer ist ein freier Platz, ein paar Bretter auf großen Klötzen bieten einfachste Sitzgelegenheit. Hier sammelt sich Jung und Alt an den warmen Sommerabenden. Die Frauen bringen ihr Strickzeug mit, die Männer rauchen ihr Pfeifchen. Das junge Volk hat Mandolinen mitgebracht, und dann wird gesungen: von der „Krone im Rhein" und von dem „Brunnen vor dem Tore".

Plötzlich schauen alle auf, denn ein seltsames Gefährt kommt um die Ecke. Zwei junge Männer bringen den Willi herbei, der seit der Kinderlähmung nicht mehr laufen kann. Den Rollstuhl haben sie selbst gebastelt und keine Mühe gescheut, denn sie wollten ihren Freund so gern in ihrer Mitte haben.

Fröhlich begrüßt ihn die Runde, und sofort folgt die Bitte: „Willi, sing uns was!" Der läßt sich nicht zweimal bitten. Mit seinem wunderbaren Tenor singt er, begleitet von der Mandoline „Im schönsten Wiesengrunde". Alle freuen sich. Dann erzählt der Bäcker, der als Spaßmacher bekannt ist, einige Schwänke. Doch – was ist das? Ein klägliches Miauen unterbricht ihn. In der obersten Spitze der Pappel sitzt eine junge Katze. Sie kann weder vor noch zurück. Die Metzgersfrau schreit auf: „Unsere Minne! Das arme Tier!" Sie lockt leise, dann lauter. Die Katze kennt die Stimme, wendet den Kopf, aber sie traut sich keinen Zentimeter zurück.

Der Henner mit seinem weichen Gemüt und starken Armen wirft den Rock ab. Er will das Tier herunterholen. Aus der Runde kommen Stimmen: „Tu das nicht!" – „Die Pappel trägt dich nicht!" – „Laß es lieber bleiben!"

Henner kümmert sich nicht um die Zurufe. Unbeirrt steigt er aufwärts, wobei ihm alle Augen folgen. Plötzlich schwankt der Baum mächtig. „Henner, komm herunter!" Der reckt statt dessen den Arm zu dem zitternden Tier. Doch es reicht noch nicht ganz. Ganz vorsichtig schiebt er sich noch ein wenig höher.

Unten halten alle den Atem an. Der alte Faßbinder murmelt: „Es ist nicht recht. Wegen einem Tier soll man sein Leben nicht aufs Spiel setzen."

Henner reckt wieder seinen Arm in die Höhe. Diesmal schafft er es. Er packt die Katze, die Pappel schwankt gewaltig, doch im gleichen Moment rutscht Henner schon ein Stück nach unten. Jetzt ist die Gefahr vorbei.

Mit großem Hallo wird er unten empfangen. Er löst das verängstigte

Tier von seinem Hemd und legt es der Metzgersfrau in die Arme. Unter Tränen dankt sie ihm und bringt die Katze schnell nach Hause.

Auch die anderen wollen gehen. Nur die Jugend beschließt, noch einen kleinen Bummel zu machen. Sie nehmen Willi und Henner in ihre Mitte und ziehen los. Sie sind stolz auf ihre Kameraden.

Marie Jürgenmeyer

11. Wunschlieder

Z. B. Der Mond ist aufgegangen
Guten Abend, gute Nacht
Guter Mond, du gehst so stille
Nun ruhen alle Wälder

12. Andacht

Unser Thema erinnert mich sehr an ein Gebet und Lied aus der Kinderzeit. Ich meine, es sei auch ein Gebet für Erwachsene. Ob Sie derselben Meinung sind? Wir singen jetzt:

Müde bin ich, geh' zur Ruh',
schließe beide Äuglein zu;
Vater, laß die Augen dein
über meinem Bette sein!

Hab ich Unrecht heut getan,
sieh es, lieber Gott, nicht an!
Deine Gnad' und Jesu Blut
macht ja allen Schaden gut.

Alle, die mir sind verwandt,
Gott, laß ruhn in deiner Hand.
Alle Menschen, groß und klein,
sollen Dir befohlen sein.

Kranken Herzen sende Ruh,
nasse Augen schließe zu;
laß den Mond am Himmel stehn
und die stille Welt besehn.

Luise Hensel (1798-1876)

Luise Hensel, eine Erzieherin, hat dieses Lied gedichtet und sehr vielen Kindern dadurch das Evangelium vermittelt. Aber nur die Form ist kindgemäß. Der Inhalt ist für jeden lebendigen Christen wegweisend und hilfreich.

Im ersten Vers wendet sich der Mensch an den himmlischen Vater mit der Bitte um Bewahrung: „Laß die Augen dein über meinem Bette sein!"

Der zweite Vers enthält die Bitte um Vergebung, ohne die niemand Verbindung mit dem lebendigen Gott hat und den Himmel ererben kann.

Im nächsten Vers tritt der Beter für die Nächsten ein: die Kranken, die Traurigen, die Bekümmerten.

Die letzte Bitte: „Laß den Mond am Himmel stehn ..." paßt sich dem Vorherigen nicht an. Wir würden es anders formulieren. Aber ich schätze, daß durch diese Worte die Schöpfung Gottes ins Blickfeld kommt, was sehr wichtig ist. Wer den Inhalt dieses Liedes glaubend betet, wird auch erfahren, was der Psalmist voll Glaubensmut betet: „Ich liege und schlafe ganz im Frieden, denn allein du, Herr, hilfst mir, daß ich sicher wohne."(Psalm 4,9)

13. Gebet: Am Ende dieses langen Tages

Am Ende dieses langen Tages
lege ich ab
Bücher, Briefe, Akten,
Schlüssel, Schuhe,
Kleider und die Uhr.

Am Ende dieses langen Tages
lege ich auf Dich, Herr,
Ängste, Sorgen, Mühe,
Lust und Trauer,
Sehnsucht und meine Schuld.

Am Ende dieses langen Tages
lege ich mich ganz und gar,
still und geborgen,
mein guter Gott,
in Deinen Schutz und Frieden.

Johannes Hansen

14. Lied: Nun sich der Tag geendet

2. Brunnen gibt es, viele Brunnen

Programm:

1. *Lied:* Wenn alle Brünnlein fließen
2. *Einführung ins Thema*
3. *Gespräch:* Welche Brunnen kennen wir?
4. *Gedicht:* Der Römische Brunnen
5. *Gespräch – Fortsetzung:* Springbrunnen und Heilquellen
6. *Lesung des Liedes:* Am Brunnen vor dem Tore
7. *Wie das Lied entstand*
8. *Gesang des Liedes:* Am Brunnen vor dem Tore
9. *Lesung:* Eine uralte Quelle erzählt
10. *Gedächtnistraining:* Wer kann nicht ohne Wasser leben?
11. *Lesung:* Nur nicht den Mut verlieren!
12. *Lied:* Kein schöner Land in dieser Zeit
13. *Andacht*
14. *Liedvers oder Gebet:* Nun gib uns Pilgern aus der Quelle

Texte zur Durchführung:

1. Lied: Wenn alle Brünnlein fließen

Wenn alle Brünnlein fließen,
so soll man trinken,
wenn ich mein Schatz nicht rufen darf,
tu ich ihm winken.
Wenn ich mein Schatz nicht rufen darf,
ju ja rufen darf, tu ich ihm winken.

Ja winken mit den Äugelein
und treten auf den Fuß:
Ist Eine in der Stube drin,
die mir noch werden muß.

Warum soll sie's nicht werden?
Ich seh sie gar zu gern.
Sie hat zwei schwarzbraun Äugelein,
sind heller als der Stern.

Sie hat zwei rote Bäckelein,
sind röter als der Wein.
Ein solches Mädchen findt man nicht,
wohl unterm Sonnenschein.

6.5.99

2. Einführung ins Thema

Wasser ist für alles wichtig, was lebt. Ohne Wasser würden Menschen, Tiere und Pflanzen umkommen. Darum sind Quellen und Brunnen lebensnotwendig. Deshalb gab es auch viel Kampf und Streit ums Wasser. Brunnen wurden vergiftet, zugeschüttet, Wasser wurde abgeleitet.

Graben tiefer Brunnenschächte ist bis heute harte Arbeit. Besonders schwer war es, als man ohne Maschinen auf hohen Burgen Brunnen graben mußte. Von solch einem Brunnenbau wird erzählt, daß zwei Gefangene ihn graben mußten. Als sie ein beträchtliches Stück ausgeschachtet hatten, blieben sie viele Monate lang Tag und Nacht im Brunnenschacht. Endlich stießen sie nach schwerster Arbeit auf die Wasserader und wurden danach nach oben gezogen. Man hatte ihnen versprochen, dann frei zu sein. Als sie im hellen Tageslicht standen, fielen sie sich in die Arme und starben beide an Herzversagen.

Auch Wasserholen war oft schwere Arbeit. An einem Ziehbrunnen wurde ein Eimer in die Tiefe gelassen und mit einer Winde hochgezogen. Bei anderen Brunnen wurde das Wasser durch eine Pumpe nach oben gebracht. Wege zum Brunnen waren oft weit und mit vollem Eimer zurück besonders beschwerlich.

Der Dorfbrunnen war auch ein Begegnungsplatz. Was wurde doch alles am Brunnen verhandelt, wieviel neueste Nachrichten wurden weitergegeben. In vielen Gemeinden gab und gibt es auch heute noch Brunnenfeste. Dazu wird der Brunnen gereinigt und geschmückt. Abends hängen Lampions in den umstehenden Bäumen und über dem Brunnenrand.

In den zivilisierten Ländern haben wir es heute einfacher. Da bringt uns die Wasserleitung das wertvolle Naß ins Haus, ja in jedes gewünschte Zimmer.

3. Gespräch: Welche Brunnen kennen wir?

Welche Brunnen kennen wir? (Z. B. St. Georgsbrunnen in Marburg, Kochbrunnen in Wiesbaden, Schöner Brunnen in Nürnberg.) Erinnerung an Brunnen der Kinderzeit.

4. Gedicht: Der Römische Brunnen

Aufsteigt der Strahl und fallend gießt
er voll der Marmorschale Rund,
die, sich verschleiernd, überfließt
in einer zweiten Schale Grund.
Die zweite gibt, sie wird zu reich,
der dritten wallend ihre Flut,
und jene nimmt und gibt zugleich
und strömt und ruht.

Konrad Ferdinand Meyer

5. Fortsetzung des Gesprächs

Brunnen besonderer Art sind Springbrunnen und solche, die Heilwasser spenden. Heilquellen haben unterschiedlichen Geschmack, vor allem aber sehr verschiedene Heilwirkung. Ihr Wasser ist mit Mineralien durchsetzt. Meist haben sich an den Heilquellen Badeorte gebildet, in denen spezifische Krankheiten behandelt werden.

Springbrunnen werden zur Freude der Menschen angelegt. Sie erquicken Herz und Gemüt, mit ihren hohen Fontänen und springenden Wassern in wechselnder Form. Springbrunnen sind besonders schön, wenn die Sonnenstrahlen sich im Wasser brechen und ein wunderbares Farbenspiel entsteht.

Welche Heilbäder kennen Sie? Wo freuten Sie sich an Springbrunnen?

6. Lesung des Liedes: Am Brunnen vor dem Tore

Am Brunnen vor dem Tore,
da steht ein Lindenbaum;
ich träumt' in seinem Schatten
so manchen süßen Traum.

Ich schnitt in seine Rinde
so manches liebe Wort;
es zog in Freud und Leide
zu ihm mich immer fort.

Ich mußt' auch heute wandern
vorbei in tiefer Nacht,
da hab ich noch im Dunkel
die Augen zugemacht.

Und seine Zweige rauschten,
als riefen sie mir zu:
„Komm her zu mir, Geselle,
hier find'st du deine Ruh!"

Die kalten Winde bliesen
mir grad' ins Angesicht,
der Hut flog mir vom Kopfe,
ich wendete mich nicht.

Nun bin ich manche Stunde
entfernt von jenem Ort,
und immer hör ich's rauschen:
Du fändest Ruhe dort!

Wilhelm Müller

7. Wie das Lied entstand

An einem schönen, alten Brunnen in der Stadt Bad Sooden-Allendorf im Werra-Meissner-Kreis saß Anfang des 19. Jahrhunderts der Stadtbibliothekar und Dichter Wilhelm Müller aus Dessau. Dort dichtete er den Text des später weithin bekannt gewordenen Volksliedes „Am Brunnen vor dem Tore ..." Leider ist im Laufe der Zeit das Stadttor verschwunden, während der Brunnen lustig weiterrinnt.

Wie ist es dann mit Wilhelm Müllers Liedertext weitergegangen? Der Komponist Franz Schubert wirkte in jener Zeit in Wien. Nach sehr arbeitsreichen Stunden überfiel ihn eines Tages die Müdigkeit und Einsamkeit. Darum machte er sich auf den Weg, einen Freund zu besuchen. Leider war der nicht zu Hause. Schubert betrat dennoch sein Zimmer. Dort lag auf dem Tisch ein aufgeschlagenes Büchlein. Schubert griff danach. Der Titel lautete: „Die 77 Gedichte eines Waldhornisten". Schubert las darin und war entzückt. Es waren lauter Gedichte im Volksliedton. Er studierte das Vorwort. Der Dichter schrieb: „Ich kann weder spielen noch singen, doch die Melodien sind in mir. – Getrost! Es wird sich einer finden, der die Weisen aus den Worten heraushört." Hinzugefügt war: „Verfasser ist Wilhelm Müller, Bibliothekar aus Dessau."

Als Schubert dann das Gedicht: „Der Lindenbaum" las, meinte er den Brunnen vor seinem Elternhaus rinnen und den Lindenbaum rauschen zu hören. Kummer überfiel ihn. Nie hätte er von dort fortgehen dürfen! Er griff nach dem Heft, eilte nach Hause und setzte sich ans Klavier. Die Töne drängten mit Macht unter seinen Händen hervor. Er spielte und notierte. Nach einer Stunde kam sein Freund, um sein Büchlein zu holen. Schubert saß immer noch am Klavier, spielte und sang ihm das Lied vom Brunnen vor dem Tore vor. Der Freund staunte und murmelte dann: „Wenn ich nur wüßte, wem du die Wehmut in diesem Lied verdankst?" Schubert antwortete: „Da stand einer am Weg und wartete, und ich mußte vorüberkommen, die Melodie hören und in Noten setzen."

In kürzester Zeit verbreitete sich das Lied. Bald wurde es auf Brunnenfesten, in Spinnstuben, in Chören und bei der täglichen Arbeit gesungen.

Und es ist bis heute noch nicht verklungen. Merkwürdig ist nur, daß Schubert bereits mit 31 Jahren starb und der Dichter des Lindenbaumtextes, Wilhelm Müller, auch nur 32 Jahre alt wurde.

8. Gesang des Liedes: Am Brunnen vor dem Tore

6.5.99
X

9. Lesung: Eine uralte Quelle erzählt

Viele Durstige habe ich kommen und gehen sehen. Einer war ein berühmter Wissenschaftler. „Das Wasser sieht klar aus", sagte er, „ob es aber auch bakterienfrei ist?" Während er seine mikroskopischen Untersuchungen anstellte und auf die Ergebnisse wartete, verdurstete er.

Einem anderen war es zu mühsam, aus mir zu trinken. Er hätte sich niederknien und mit der hohlen Hand schöpfen müssen. Deshalb ging er weg und brachte sich so um die Erquickung.

Einem dritten war mein Wasser zu kalt, man könnte sich eine Erkältung holen. Deshalb mußte er erst seinen Spirituskocher aufbauen. Als er dann trinken wollte, verbrannte er sich die Zunge. Wütend spuckte er das Wasser aus und goß den Rest in den Sand.

Ein anderer mochte lieber Cola. Irgendwo müßte es doch eine Getränkebude geben, nicht so weit entfernt. So machte er sich auf den Weg.

So sah ich viele Durstige kommen und gehen. Manch einer aber kam und trank. *(Aus contrapunkt 2/92)*

10. Gedächtnistraining: Wer kann nicht ohne Wasser leben?

Wer kann nicht ohne Wasser leben?
Wir suchen Namen von Pflanzen und Tieren nach den Anfangsbuchstaben des Alphabets.
Zum Beispiel:

Pflanzen
A = Anemone, Ahorn, Aurikel u. a.
B = Butterblume, Begonie ...
C = Christrose, Chinakohl ...

Tiere
A = Adler, Auster u. a.
B = Bär, Bussard …
C = Collie, Cockerspaniel …

Je mehr Worte gefunden werden, desto besser. Die Zeit wird nicht ausreichen, um das ganze Alphabet durchzuarbeiten. Sie brechen ab und bitten, daheim Fortsetzung zu machen.

11. Lesung: Nur nicht den Mut verlieren

Es herrschte einmal eine große Trockenheit in einem Land südlich der Sahara. Das Steppengras kümmerte dahin; die Tiere fanden kein Wasser mehr; die Wüste breitete sich immer weiter aus. Selbst dicke Bäume und an Dürre gewohnte Sträucher vertrockneten. Brunnen und Flüsse waren längst versiegt.

Nur eine einzige Blume überlebte die Trockenheit, denn sie wuchs nahe einer Quelle. Die Quelle fragte sich voller Traurigkeit: „Wozu mühe ich mich einer einzigen Blume wegen, wo so dicht ringsum schon alles verdurstet ist?“

Da beugte sich ein alter knorriger Baum über die kleine Quelle und sagte, ehe er selbst starb: „Liebe kleine Quelle, niemand erwartet von dir, daß du die ganze Wüste zum Grünen bringst. Deine Aufgabe ist es, einer einzigen Blume Leben zu spenden, mehr nicht!“

12. Lied: Kein schöner Land

Kein schöner Land in dieser Zeit,
als hier das unsre weit und breit,
wo wir uns finden wohl unter Linden zur Abendzeit.

Da haben wir so manche Stund'
gesessen da in froher Rund
und taten singen, die Lieder klingen im Talesgrund.

Daß wir uns hier in diesem Tal,
noch treffen so viel hundertmal,
Gott mag es schenken, Gott mag es lenken, Er hat die Gnad'.

Nun, Brüder, eine gute Nacht!
Der Herr im hohen Himmel wacht,
in seiner Güte, uns zu behüten, ist Er bedacht.

A. W. v. Zuccalmaglio

13. Andacht: Jesaja 12,3 und Johannes 7,37

Das Volk Israel hatte in den 40 Wanderjahren durch die Wüste manche Wassernot und manches Wasserwunder erlebt. Zur Erinnerung daran gab es noch nach Jahrhunderten einen besonderen Festakt am letzten Tage des Laubhüttenfestes, dem israelischen Erntedankfest. Man traf sich am Teich Siloah, der von der Siloahquelle gespeist wird. Diese Quelle ist für Jerusalem lebenswichtig. Unter Posaunenmusik schöpfte der Priester daraus Quellwasser in einen goldenen Krug. In feierlichem Festzug, wieder unter Posaunenklängen, wurde das Wasser zum Tempel getragen. Dazu sang man das alte Brunnenlied: Jesaja 12,3:

„Der Herr ist meine Stärke und mein Psalm und mein Heil.
Ihr werdet mit Freuden Wasser schöpfen aus dem Heilsbrunnen.
Denn Gott, der Herr, ist meine Stärke und mein Psalm.
Er ist mein Heil."

Dann wurde das Wasser am Fuß des Rauchopferaltars im Tempel ausgeschüttet als ein Trankopfer für Gott.

Im letzten Jahr seiner Wirksamkeit war Jesus auch unter der feiernden Gemeinde. Als der Festakt vollendet war, trat Jesus vor und rief laut in die Menge:

„Wen da dürstet, der komme zu mir und trinke.
Wer da glaubt, wie die Schrift sagt, von des Leibe
werden Ströme lebendigen Wassers fließen." (Johannes 7,37)

Diese Worte lösten bei vielen Festteilnehmern Freude aus, bei andern aber Ärger und Zorn. Aber Jesu Worte hafteten und wurden weitergetragen. Bis heute gilt seine Einladung: „Wen dürstet, der komme zu mir!"

Jesus Christus kennt den Durst, die Sehnsucht der Menschen nach sinnvollem Leben, nach Freude, nach Vergebung. Darum zeigt er uns den Weg. Wer Lebensverbindung mit Gott will, findet sie nur durch ihn. Er selbst ist der Heilsbrunnen. Er selbst ist der Weg. „Wen da dürstet, der komme zu mir!" Das gilt auch für uns!

Viele Menschen haben es erfahren, auch ich habe es selbst erlebt. Ich bin im Gebet zu Ihm gekommen, und er hat mir ein reiches, erfülltes Leben geschenkt.

Auch Petrus hat es in einer schweren Gerichtsverhandlung laut bezeugt: „Es ist in keinem andern Heil, es ist auch kein anderer Name den Menschen gegeben, in dem sie können gerettet werden." Es geht vor allem um Jesus Christus! Das wird so bleiben bis zu seiner Wiederkunft.

14. Liedvers oder Gebet

Nun gib uns Pilgern aus der Quelle
der Gottesstadt den frischen Trank;
laß über der Gemeinde helle
aufgehn dein Wort zu Lob und Dank.

Otto Riethmüller

3. Das blaue Wunder

Programm:

1. *Lied:* Alle Birken grünen
2. *Einführung ins Thema*
3. *Gespräch und Redewendungen über Blautöne*
4. *Liedvers:* Blau blüht ein Blümelein
5. *Gedicht:* Blauveilchen
6. *Gespräch:* Welche blauen Blumen kennen Sie?
7. *Lesung:* Der vertrocknete Garten
8. *Zungenbrecher:* Blaukraut bleibt Blaukraut ...
9. *Lied:* Abend wird es wieder
10. *Andacht*
11. *Abschlußvers*

Texte zur Durchführung:

1. Lied: Alle Birken grünen

Alle Birken grünen in Moor und Heid,
jeder Brambusch leuchtet wie Gold,
alle Heidlerchen dudeln vor Fröhlichkeit,
jeder Birkhahn kullert und tollt.

Meine Augen, die gehn wohl hin und her
auf dem schwarzen, weißflockigen Moor,
auf dem braunen, grünschäumenden Heidemeer
und schweben zum Himmel empor.

Zum Blauhimmel hin, wo ein Wölkchen zieht
wie ein Wollgrasflöckchen so leicht,
und mein Herz, es singt ein leises Lied,
das auf zum Himmel steigt.

Ein leises Lied, ein stilles Lied,
ein Lied so fein und so lind
wie ein Wölkchen, das über die Bläue hinzieht,
wie ein Wollgrasflöckchen im Wind. *Hermann Löns*

2. Einführung ins Thema

Haben Sie schon gehört, daß jemand sagt: „Du wirst dein blaues Wunder erleben?" Warum man diesen Ausdruck als Zeichen des Staunens gebraucht, weiß ich nicht. Aber wenn man über Farben nachdenkt, etwa wieviele verschiedene Farbtönungen eine Grundfarbe hat, oder was Farben bewirken, kommt man auf jeden Fall ins Verwundern.

Wir würden körperlich und psychisch verkümmern, wenn die Welt ohne Farben wäre, denn sie sind eine Wohltat fürs Gemüt. Farben haben sogar körperliche Heilkraft.

Heute wollen wir uns auf die blaue Farbe konzentrieren. Der Volksmund sagt: das dunkle Blau ist die Farbe der Treue. Es symbolisiert Stetigkeit, bringt Entspannung und Ruhe. Blau begünstigt die innere Sammlung. Darum wird es auch von Melancholikern geliebt, und von denen, die gern am Alten festhalten. Die blaue Farbe hat auch günstigen Einfluß auf verschiedene Organe und ist eine Hilfe bei Herzbeschwerden. Es gibt aber auch kaltes, schreiendes Blau, das wir als unangenehm empfinden, während das helle Himmelblau heiter stimmt, Freude und Leichtmut bringt. Es ist die Farbe des Himmels und der Weite. Für Senioren ist es wichtig, daß in der Wohnung und der Kleidung zu dem warmen Blau noch helle Farbtöne kommen.

3. Gespräch und Redewendungen über Blautöne

Wir tragen verschiedene Blautöne zusammen: marineblau, dunkelblau, himmelblau, königsblau ...
Welche Redewendungen mit „blau" kennen Sie? Bitte zusammentragen! Blauer Montag, blauer Planet, Fahrt ins Blaue, Blaulicht (Signalfarbe), Blaue Berge (englisch: Blue Mountains in Nordamerika und Australien), Blaubart (Ritter in der Sage), Blaubeere (Heidelbeere), blaue Blume (Sinnbild für das Schöne), blaue Grotte (Höhle auf Capri), Blaues Kreuz (Vereinigung gegen Trunksucht), Blaukehlchen (verwandt mit Rotkehlchen), blaues Blut (so spricht man von Adligen), Blauspecht (Kleiber), Blausucht (gefährliche Herzkrankheit), Blaumann (Arbeitsanzug) u. a.

4. Liedvers: Blau blüht ein Blümelein, das heißt Vergißnichtmein

Blau blüht ein Blümelein, das heißt Vergißnichtmein,
hab dich von Herzen gern, das glaube mir.
Du hast das Herze mein, so ganz genommen ein,
ein Schöneres gibt es nicht, als dich allein.

5. Gedicht: Blauveilchen

Ein kleines Blau-Veilchen stand eben erst ein Weilchen
unten im Tal am Bach, da dacht es einmal nach und sprach:
„Daß ich hier unten blüh', lohnt sich kaum der Müh',
muß mich überall bücken und drücken, bin so ins Niedre gestellt,
sehe gar nichts von der Welt, drum wär's ganz gescheit getan,
ich steig ein bißchen höher hinan."

Und wie gesagt, so getan. Aus dem Wiesenland mit eigner Hand
zieht es ein Beinchen nach dem andern und begibt sich aufs Wandern.
Drüben der Hügel wär mir schon recht! Wenn ich den erreichen möcht',
könnt ich ein Stückchen weiter sehn; dahin will ich gehn.
Und so in behendem Lauf, steigt das Veilchen den Hügel hinauf,
pflanzt sich dort oben ein im schönsten Sonnenschein.

Kaum aber hat es hier einen Tag gestanden, meint es: „Von allen Landen
sieht man hier oben kein großes Stück, man hat keinen freien Blick.
Aber auf jenem Berge dort, das wär ein Ort,
wo ich wohl möchte stehn, um in die weite Welt zu sehn!
Drum wäre es noch gescheiter getan, ich stieg ein bißchen höher hinan."
Und wie gesagt, so getan.

Aus dem Hügel, wo es stand, zieht es mit eigner Hand
ein Beinchen nach dem andern und begibt sich aufs Wandern.
Doch den Berg hinauf geht es nicht in so raschem Lauf.
Es muß sich verpusten, muß öfter ruh'n,
endlich mit niedergetretenen Schuh'n,
auf beschwerlicher Bahn kommt's Veilchen oben an,
pflanzt sich dort wieder ein im hellen Sonnenschein.

„Ei", spricht es, „hier ist es schön! Aber alles kann man doch nicht sehn;
So ein Berg' ist doch nur ein Zwerg,
auf der Alp da droben, das wär' eher zu loben,
da möcht ich wohl sein! Da guckt ich bis in den Himmel hinein,
hörte die Englein musizieren, säh unsern Herrgott die Welt regieren!"

Und aus dem Berge, wo es stand, zieht es wieder mit eigener Hand
ein Beinchen nach dem andern, begibt sich noch einmal aufs Wandern.
Die Reise macht diesmal viel Beschwer; kein Weg, kein Steg war ringsumher,
dem Veilchen flimmert's vor dem Blick,
es schwindelt, es kann nicht wieder zurück.
Da setzt es die letzte Kraft noch dran;
zum Tode ermattet kommt's oben an.
Ach, dort war der Boden von Stein, kann mit den Füßen nicht hinein;
es zappelt mit allen Würzlein, bedeckt sich mit dem grünen Schürzlein,
friert sehr an Händen und Beinen, da fängt's bitterlich an zu weinen.
Die blauen Bäckchen werden weiß, die Tränen frieren gar zu Eis:
„Ach! Wär ich geblieben im Tale dort!"
Das war Blauveilchens letztes Wort.
Drauf sank es um und blieb stumm.
Hast du im Tal ein stilles Haus, dann wolle nie zu hoch hinaus!

Friedrich Förster

6. Gespräch: Welche blauen Blumen kennen Sie?

Rittersporn, Enzian, Iris ...; Welche blauen Blumen lieben Sie besonders?

7. Lesung: Der vertrocknete Garten

Im vergangenen Winter ist Anna gestorben, seitdem ist Barbara allein. Mutterseelenallein! Anna war nicht nur ihre einzige Schwester, sie war auch ihr einziger Halt in der großen, fremden Stadt. Barbara war Flüchtling und fand bei Anna und ihrem Sohn Aufnahme. Sie haben sich miteinander durch die Notjahre nach dem Krieg durchgehungert. Weil Barbara Gärtnerhände und Bauernverstand hatte, wurde sie eine echte Hilfe, besonders setzte sie sich in dem großen Garten am Stadtrand ein und erntete reichlich Früchte. Die Schwestern haben gemeinsam den vaterlosen Buben aufgezogen. Als er erwachsen war, hat er geheiratet und ist aus dem Haus gezogen. Ihren Garten pflegten beide miteinander so sorgsam, daß Vorübergehende stehenblieben, weil alles gar so schön und sommerbunt war.

Aber nun ist Anna tot und Barbara ganz allein. Sie weint mehr als ihr guttut, und niemand vermag sie zu trösten. Längst ist es Frühling geworden, und der Neffe fragt, ob sie nicht wieder hinausfahren wolle in den Garten. Er stelle ihn ihr ganz zur Verfügung. Aber Barbara will nicht. „Ich kann mich nicht mehr freuen, für mich ist kein Platz mehr auf der Welt." Und schon fließen die Tränen wieder. Der Neffe schaut, daß er weiterkommt. Er kann ihr nicht helfen.

Eines Tages ruft die Nachbarin an, die mit ihrer Familie neben dem Garten wohnt: „Ich kann es einfach nicht mehr mit ansehen, wie Ihr schöner Garten ganz zugrundegeht. Nur das Unkraut wächst. Wie schade, daß Sie nicht gesehen haben, wie schön der Kirschbaum geblüht hat!"

Barbara jammert: „Ich mag nicht hinausfahren. Ich kann mich zu nichts aufraffen." Aber die Nachbarin fährt fort: „Nun ist die Erde ausgetrocknet, voller Sprünge, die Blumen sind verdorrt. Ich spritze mal etwas Wasser hinüber, aber mein Schlauch reicht nicht weit." Dann hängt sie ein. „Wozu?" murmelt Barbara vor sich hin. „Wozu?"

Aber nach ein paar Tagen ist Barbara doch im Garten. Kopfschüttelnd steht sie vor den von Unkraut überwucherten Blumenrabatten. Der blaue Rittersporn, den sie besonders liebte, ist abgeknickt und verwelkt. Im Nu hat sie den Schlauch geholt und sprüht Wasser auf das dürstende Land. Bald riecht es köstlich nach feuchter Erde, und Barbara wirkt mit Hacke und Rechen.

Als es Abend wird, sind ihre Backen gerötet und ihre Augen glänzen. Wenn auch kein Mensch sie brauchen kann, ihr Garten braucht sie. Ihre Schwermut löst sich ein wenig. Nun sieht man Barbara fast täglich im Garten am Wirken.

Es dauert nicht lange, da ist der Garten wieder gepflegt wie früher. Vorübergehende bleiben oft bewundernd am Zaun stehen und reden mit Barbara. Nachbarn kommen und erbitten Blumensamen und Ableger und laden Barbara in ihren Garten ein. Sie findet Freunde, die sie früher nie gewollt hätte. Ihre Schwester war ihr genug gewesen. Ihre Klagen sind verstummt.

Als es Winter wird, hat sie sich im Kinderkrankenhaus als Hilfskraft gemeldet. Und sie ist angenommen trotz ihres Alters. Ihre kräftigen Hände und ihr stilles Wesen haben ihr diese Möglichkeit gebahnt.

Marianne Kaindl, gekürzt von M. Jürgenmeyer

8. Zungenbrecher

„Blaukraut bleibt Blaukraut,
und Brautkleid bleibt Brautkleid."

Dieser Vers wird zunächst langsam und deutlich gesprochen, danach möglichst deutlich und fehlerlos immer schneller werdend. Gemeinsam sprechen und – wer sich traut – auch allein.

9. Lied: Abend wird es wieder

Abend wird es wieder.
Über Wald und Feld
säuselt Frieden nieder,
und es ruht die Welt.

Nur der Bach ergießet
sich am Felsen dort,
und er braust und fließet
immer, immer fort.

Und kein Abend bringet
Frieden ihm und Ruh',
keine Glocke klinget
ihm ein Rastlied zu.

So in deinem Streben
bist, mein Herz, auch du:
Gott nur kann dir geben
wahre Abendruh'.

10. Andacht

Blau ist die Treue!

Bei einem Pfingstjugendtreffen hat mich ein junger Mann ehrlich gefragt: „Schwester, was ist eigentlich Treue?" Ich war tief erschrocken und fragte mich: Wird das Wort Treue und der Begriff Treue in unserer Zeit im Umgang miteinander so wenig gebraucht? Oder haben wir versäumt, die Treue Gottes zu uns Menschen und auch die Treue von Mensch zu Mensch zu erläutern? Oder hat gar die Unzuverlässigkeit der Menschen einen so breiten Raum gewonnen, daß nicht nur die Tatsache, sondern auch das Wort Treue in unserm Sprachgebrauch selten geworden ist?

Wenn die Bibel von Gottes Treue zu uns Menschen spricht, geht es zunächst um Gottes Beständigkeit und Zuverlässigkeit uns Menschen gegenüber. Gott hält seine Versprechungen unverbrüchlich. Der Begriff Treue Gottes steht oft in Verbindung mit dem Begriff Güte und dem Begriff Gnade. „Die Wege des Herrn sind voll lauter Güte und Treue." (Ps. 25,10). In seiner Liebe zu uns Menschen neigt er sich zu uns herab, wie eine gute Mutter sich liebevoll zu ihrem Kind neigt. Er geht auf unsere Bedürfnisse ein und oft sogar auf unsere Wünsche.

Mit dieser großen Liebe ist aber auch die Gerechtigkeit verbunden, die zurechtbringt durch Gericht oder Gnade: Gottes Güte und Treue sollen einander begegnen, Gerechtigkeit und Friede einander küssen (Ps. 85,1f).

Mir wird das immer wieder am Volk Israel deutlich. Gott hatte Israel zu seinem besonderen Volk erwählt, durch das er handeln wollte. Aber immer und immer wieder war Israel untreu, wandte sich anderen Göttern zu. Weil Gottes Treue mit Gerechtigkeit gepaart ist, mußte er das Volk strafen. Wir denken an die Babylonische Gefangenschaft und an die Vertreibung der Juden im Jahr 70 nach Christus aus ihrem Land. Fast 2000 Jahre lebte Israel in der Zerstreuung unter vielen Völkern und unter großen Anfeindungen. Die Juden blieben dennoch Juden. Das gibt es in der ganzen Weltgeschichte nur ein einziges Mal, daß solch ein zerstreutes Volk sich nicht völlig anpaßte. Sie wendeten sich immer wieder zu dem lebendigen Gott. In unserem Jahrhundert konnten Juden dann wieder heimkehren in das vor Jahrtausenden versprochene Land. Gottes Treue ist groß!

Diese Treue hält Gott aber auch der neutestamentlichen Gemeinde. Auch ihr gilt: „Ich will dich nicht verlassen und dir nimmermehr meine Hilfe versagen" (Hebr. 13,5). Auch uns verliert er weder als Gemeinde noch als Einzelperson aus den Augen. Auch für uns gilt: „Seine Ratschlüsse sind treu von alters her" (Jes. 25,1).

Weil Gottes Güte und Treue so umfassend sind, ist es seinen Kindern möglich, durch Gottes Kraft auch untereinander Treue zu halten; denn es ist Gott eine Freude, uns zu helfen, zuverlässig und treu zu leben.

11. Abschlußvers

Gott ist getreu, sein Herz, sein Vaterherz ist voller Redlichkeit.
Gott ist getreu bei Wohlsein und bei Schmerz,
in gut und böser Zeit.
Weicht, Berge, weicht! Fallt hin, ihr Hügel!
Mein Glaubensgrund hat dieses Siegel: Gott ist getreu.

Ehrenfried Liebich

4. Es geht um die Zeit und die Uhren

Programm:

1. *Lied:* Und in dem Schneegebirge
2. *Kurzreferat:* Unsere Zeit
3. *Sprichwörter und Redensarten*
4. *Gedicht:* Rasches Jahr
5. *Das Meßgerät der Zeit:* Die Uhr
6. *Gedicht:* Die Sonnenuhr
7. *Gespräch:* Welche Uhren kennen wir?
8. *Gedicht:* Die Uhr
9. *Schätzung der Zeitspannen*
10. *Lied:* Schön ist die Jugend
11. *Gespräch:* Erlebnisse mit Uhren
12. *Gedicht:* In meines Vaters Stube
13. *Lesung:* Der Knoten im Taschentuch
14. *Lied:* Hoch auf dem gelben Wagen
15. *Andacht*
16. *Gebet*

Texte zur Durchführung:

1. Lied: Und in dem Schneegebirge, da fließt ein Brünnlein kalt

Und in dem Schneegebirge, da fließt ein Brünnlein kalt,
und wer daraus tut trinken, und wer daraus tut trinken,
wird jung und nimmer alt.

Ich hab daraus getrunken gar manchen frischen Trunk,
ich bin nicht alt geworden, ich bin nicht alt geworden,
ich bin noch allzeit jung.

Ade, mein Schatz, ich scheide, ade mein Schätzelein!
Wann kommst du aber wieder, wann kommst du aber wieder,
Herzallerliebster mein?

Wenn's schneiet rote Rosen und regnet kühlen Wein.
Ade, mein Schatz, ich scheide, ade, mein Schatz, ich scheide,
ade, mein Schätzelein.

Es schneit ja keine Rosen und regnet keinen Wein:
So kommst du auch nicht wieder, so kommst du auch nicht wieder,
Herzallerliebster mein.

Volkslied

2. Kurzreferat: Unsere Zeit

Zeit ist eine gute Gabe Gottes, und es ist wichtig, daß wir sie recht nützen. Wer nicht lernt, mit dieser Gabe Gottes gut umzugehen, erntet oft verlorene Jahre oder gar ein verpfuschtes Leben. Für Senioren birgt der rechte Umgang mit der Zeit besondere Probleme und erfordert Umstellungen.

Zum Altsein gehört: Wir haben jetzt Zeit! Manche meinen sogar, sie hätten zuviel Zeit. Darum ist eine andere Zeiteinteilung wichtig, weil alles langsamer geht. Zum andern auch, weil durch die Altersvergeßlichkeit mancher Weg doppelt gemacht werden muß.

Auch muß man sich Merkstützen, Erinnerungshilfen schaffen: Notizen u. a. Das schwerste Problem ist: zu erkennen, was wir noch tun können oder besser lassen sollten. (Darüber mehr unter dem Thema: So schön ist der Herbst.)

3. Sprichwörter und Redensarten bezüglich der Zeit

(Der Leiter liest den ersten Teil des Sprichwortes, den zweiten Teil sollen die Teilnehmer erraten und sprechen.)

Wer nicht kommt zur rechten Zeit ...
(der muß nehmen, was übrig bleibt)
Zeit ist ... (Geld)
Alles Ding währt seine Zeit ... (Gottes Lieb in Ewigkeit)
Es ist nur eine Frage ... (der Zeit)
Nimm dir Zeit ... (und nicht das Leben)
Zeit gewonnen ... (viel gewonnen)
Spare in der Zeit ... (so hast du in der Not)
Sei du gut, dann wird die Zeit ... (besser)
Ich habe keine Zeit ... (müde zu sein) Kaiser Wilhelm I.
Kommt Zeit ... (kommt Rat)
Ewigkeit in die Zeit ... (leuchte hell hinein)
Zeit heilt ... (alle Wunden)
Gott tut alles fein ... (zu seiner Zeit)
Es ist für uns eine Zeit angekommen ...
(die bringt uns allen große Freud)
Zeit verloren ... (viel verloren)
Ja, wenn man alt wird ... (geht das so schnell nicht mehr)
Es kommt die Zeit ... (da niemand wirken kann)
Andere Zeiten ... (andere Sitten)
Es ist Zeit zum ... (essen, schlafen, sparen, nachdenken ...)

4. Gedicht: Rasches Jahr!

Eben noch das schmale Leuchten,
gelb des Ahorns Blätter blühn:
Und nun leuchtet aus dem Feuchten
wild das schwarze Grün.

Eben noch die zarte Stille –
Fink und Amsel rief mich wach.
Und nun lärmt die sommerstille
Schwalbe um das Dach.

Eugen Roth

5. Das Meßgerät der Zeit: Die Uhr

Ohne richtiggehende Uhren geht vieles schief. Die ältesten Uhren sind die Sonnenuhren. Wenn die Sonne scheint, kann man an dem Schatten, den ein Stab wirft, ablesen, wie spät es ist. Nach den Sonnenuhren kamen die Sanduhren, die wie Eieruhren funktionierten. Uhren mit Räderwerk gibt es etwa seit dem dreizehnten Jahrhundert. Um das 15. Jahrhundert wurden in Nürnberg die ersten Taschenuhren hergestellt. Sie sind als Nürnberger Eier bekannt. Die Quarzuhr ist heute der gebräuchlichste Zeitmesser.

6. Gedicht: Die Sonnenuhr

Die Sonnenuhr geht von Natur
natürlich bloß bei Sonne nur.

Man stellt sie stets ins Sonnenlicht,
denn ohne Sonne geht es nicht.

Das heißt, sie geht – nur wenn sie steht,
und sich die Erde dabei dreht.

In diesem Fall zeigt das Gerät
genau durch Schatten an: wie spät.

Was lehrt uns eine Sonnenuhr?
Zunächst, sie geht bei Sonne nur.

Doch lehrt sie zweitens und sehr richtig:
Der Schatten ist für sie sehr wichtig.

K. H. Klöpper

7. Gespräch: Welche Uhren kennen wir?

Die Armbanduhr, Standuhr, Kirchturmuhr, usw. Wir fanden über 20 verschiedene Uhren!

8. Gedicht: Die Uhr

X

Ich trage, wo ich gehe, stets eine Uhr bei mir,
wieviel es hat geschlagen, genau seh ich's an ihr.

Es ist ein großer Meister, der künstlich ihr Werk gefügt,
wenngleich ihr Gang nicht immer dem törichten Wunsche genügt.

Ich wollte sie wäre rascher gegangen an manchem Tag;
ich wollte sie hätte manchmal verzögert den raschen Schlag.

In meinen Leiden und Freuden, im Sturm und in der Ruh,
was immer geschah im Leben, sie pochte den Takt dazu.

Sie schlug am Sarge des Vaters, sie schlug an des Freundes Bahr',
sie schlug am Morgen der Liebe, sie schlug am Traualtar.

Sie schlug an der Wiege des Kindes, sie schlägt, will's Gott, noch oft,
wenn bessere Tage kommen, wie meine Seele hofft.

Und ward sie auch manchmal träger, und drohte zu stocken ihr Lauf,
so zog der Meister sie immer großmütig wieder auf.

Doch stände sie einmal stille, dann wär's um sie geschehn,
kein andrer, als der sie fügte, bringt sie wieder zum Gehn.

Dann müßt ich zum Meister wandern, der wohnt am Ende so weit,
wohl draußen jenseits der Erde, wohl dort in der Ewigkeit!

Dann gäb ich sie ihm zurücke mit dankbar kindlichem Flehn,
ach, Herr, ich hab' nichts verdorben, sie blieb von selber stehn.

Johann Gabriel Seidl

9. Schätzung der Zeitspannen

Wir nehmen eine Uhr mit Sekundenzeiger zur Hand.

1. Wir geben an, daß wir einen bekannten Vers singen wollen, etwa „Kein schöner Land in dieser Zeit". Danach lassen wir schätzen, wieviel Minu-

ten oder Sekunden das dauert. Nach dem Singen feststellen, wieviel Zeit gebraucht wurde. Sie werden staunen!

2. Folgende Sätze werden vorher gelesen, deren Zeit wir hinterher schätzen lassen.

Lesung: Die Kirchturmuhren hatten in früheren Jahrzehnten Einfluß auf das ganze Leben im Dorf. Ihr Klang war so laut, daß sie den Arbeitenden auf den Feldern die Pause oder den Feierabend anzeigte. In Braunschweig gibt es eine Atomuhr. Sie geht genauer als alle Uhrwerke der Welt. Sie soll in einer Million Jahren nur eine Sekunde nachgehen. Sie steuert alle elektrischen Uhren in Deutschland von den Bahnhofsuhren bis zu bestimmten Taschenuhren, die auf Funksignal reagieren.

Danach wird festgestellt, wer die Zeit richtig geschätzt hat. Meistens löst das Experiment Freude aus. Der Gedanke, sich blamiert zu haben, darf aber dabei nicht aufkommen.

10. Lied: Schön ist die Jugend bei frohen Zeiten

Schön ist die Jugend bei frohen Zeiten,
schön ist die Jugend, sie kommt nicht mehr.
Drum sag' ich's noch einmal:
Schön sind die Jugendjahr',
schön ist die Jugend, sie kommt nicht mehr.

Schön ist das Alter bei frohen Zeiten,
schön ist das Alter, bedenkt das sehr!
Drum sag' ich's noch einmal:
Schön sind die Altersjahr',
schön ist das Alter, bedenkt das sehr.

11. Gespräch: Erlebnisse mit Uhren

(Uhr als Geschenk, Uhr verloren, falsch gehende Uhr)

12. *Gedicht: In meines Vaters Stube hing eine alte Uhr*

In meines Vaters Stube hing eine alte Uhr,
maß fein den Lauf der Zeiten, doch mit Belastung nur.

Metallne Finger wiesen lautlos die flüchtige Stund,
doch mit Belastung immer nur taten sie es kund.

Wenn ich einmal die Steine recht neugierig enthing,
nach wenigen Minuten die Uhr schon nicht mehr ging.

Es fehlte ihr die Triebkraft zum stillen, steten Gang,
die Kraft zum lauten Schlagen mit hellem, klaren Klang.

Doch hingen Vaters Hände die Steine wieder ein,
so sah ich dann mit Staunen: Belastung mußte sein.

Und friedlich wieder tickend die Uhr ging Tag für Tag,
bis daß sie ausgeschlagen den letzten Stundenschlag.

So tat's der große Meister mit meiner Lebensuhr,
sie ging im rechten Gange auch mit Belastung nur.

Er mißt gar fein die Steine nach Größe und Gewicht,
hilft selbst das Schwerste tragen, indem er freundlich spricht:

Ich geb dir die Gewichte zum Segen, nicht zur Plag',
daß recht du könntest schlagen den letzten Stundenschlag.

Anna Kaser

13. *Lesung: Der Knoten im Taschentuch*

Am Abend fand Herr Zeit in seinem Taschentuch einen Knoten, erinnerte sich aber nicht, an was er ihn erinnern sollte. Flugs ging er alle Verpflichtungen des Tages durch und erledigte das Unerledigte der Reihe nach: einen Krankenbesuch, zwei Briefe, die versprochene Reparatur beim Nachbar. Spät nachts erinnerte er sich, an was ihn der Knoten erinnern sollte: Er wollte einmal früh zu Bett gehen.

Marie Hüsing

14. Lied: Hoch auf dem gelben Wagen

Hoch auf dem gelben Wagen sitz ich beim Schwager vorn.
Vorwärts die Rosse traben, lustig schmettert das Horn.
Felder, Wiesen und Auen, leuchtendes Ährengold.
Ich möchte so gerne noch schauen, aber der Wagen, der rollt.

Postillion in der Schenke füttert die Rosse im Flug.
Schäumendes Gerstengetränke reicht der Wirt mir im Krug.
Hinter den Fensterscheiben lacht ein Gesicht so hold.
Ich möchte so gerne noch bleiben, aber der Wagen, der rollt.

Flöten hör ich und Geigen, lustiges Baßgebrumm,
junges Volk im Reigen tanzt um die Linde herum.
Wirbelt die Blätter im Winde, jauchzt und lacht und tollt.
Ich bliebe ja so gern bei der Linde, aber der Wagen, der rollt.

Rudolf Baumbach

15. Andacht

Es war im Sommer 1942. Weltkrieg, große Not! In den Kriegsgebieten ungeheures Blutvergießen. In der Heimat, unserem totalitären Staat, Bombenangriffe, Gotteslästerung und Gottesleugnung. Andacht halten war verboten. Nur im persönlichen Gespräch konnten wir Schwestern im Krankenhaus das Wort Gottes weitersagen. In dieser Situation sagte uns unser Pfarrer das Gotteswort: „Gott tut alles fein zu seiner Zeit" (Prediger 3,11).

Das Wort packte mich und richtete meine Blicke auf den Vater im Himmel, der auch meine Zeit in seinen Händen hält und der niemand aus den Augen verliert. Neues Vertrauen wuchs in mir. Und Gottes Zeit kam!

Mai 1945. Es war alles, alles anders. Noch herrschte ungeheure Armut und Not, aber der Krieg war zu Ende, und wir waren frei. Ich durfte wieder Evangelium verkündigen ohne Angst vor Denunziation und Strafe. Seither ist mir obiges Wort lieb. Es wurde mir in vielen Fällen Wegweiser. Ich habe seine Wahrheit hundertfach erlebt.

Ich beobachte aber auch immer wieder, daß meine Zeitrechnung, und die vieler anderer Christen, anders ist als Gottes Zeitrechnung. Wenn wir etwas wünschen und erbitten, können wir es meist nicht schnell genug bekommen. Aber Gottes Zeit ist noch nicht da. Unsere „Wunschuhr" geht vor! Wenn aber etwas zu tun ist, was uns schwer wird, verschieben wir es gern. Unsere „Wunschuhr" geht nach! Gottes Zeitrechnung ist anders. Wenn wir das Gotteswort „Gott tut alles fein zu seiner Zeit" tief im Herzen begriffen haben, folgt daraus, was der Psalmist von sich bekennt: „Meine Zeit steht in Gottes Händen" (Psalm 31,16).

Weil wir wissen, unsere Zeit wird von Gott aufs Allerbeste geplant und geführt, überlassen wir ihm die Jahres- und Tageseinteilung. Das bedeutet nicht, daß wir gleichgültig alles laufen lassen. Aber unter seiner Leitung verzichten wir auf manche unserer Ideen und Wünsche und erfragen seinen Rat. Denn Zeit ist ein kostbares Gut, das uns anvertraut ist. Gott gibt uns Zeit zum Handeln, aber auch Zeit, daß wir genießen, uns freuen, uns ausruhen können. Darum geben wir unsere Zeit und unser Geschick in seine Hände.

16. Gebet

Herr, voll Dankbarkeit schauen wir zurück. Was uns gelungen ist, dafür danken wir dir und deinem Schutz. Was falsch und unrecht war, das empfehlen wir deiner verzeihenden Barmherzigkeit an. Segne und behüte uns auch weiterhin. Amen.

5. Es schmeckt so gut

Programm:

1. *Lied:* Ich singe dir mit Herz und Mund
2. *Wissenswertes über unsere Ernährung*
3. *Sprichwörter und Redewendungen*
4. *Lied:* Freut euch des Lebens
5. *Die Kauprobe*
6. *Lesung:* Humor ums Essen
7. *Lied:* Wem Gott will rechte Gunst
8. *Gespräch:* Erlebnisse um den Kochtopf
9. *Wir machen seltsame Küchenzettel*
10. *Liedvers:* Du nährest uns von Jahr zu Jahr
11. *Andacht*
12. *Lied:* Danket dem Herrn

Texte zur Durchführung:

1. Lied: Ich singe dir mit Herz und Mund

Ich singe dir mit Herz und Mund, Herr, meines Herzens Lust,
ich sing und mach auf Erden kund, was mir von dir bewußt.

Ich weiß, daß du der Brunn der Gnad und ewge Quelle bist,
daraus uns allen früh und spat viel Heil und Gutes fließt.

Was sind wir doch, was haben wir auf dieser ganzen Erd,
das uns, o Vater, nicht von dir allein gegeben werd?

Wer hat das schöne Himmelszelt hoch über uns gesetzt?
Wer ist es, der uns unser Feld mit Tau und Regen netzt?

Wer wärmet uns in Kält' und Frost? Wer schützt uns vor dem Wind?
Wer macht es, daß man Öl und Most zu seinen Zeiten find't?

Ach Herr, mein Gott, das kommt von dir, du, du mußt alles tun,
du hältst die Wach' an unserer Tür und läßt uns sicher ruhn.

Paul Gerhardt

„Du nährest uns von Jahr zu Jahr

2. Wissenswertes über unsere Ernährung

Essen und Trinken nimmt weiten Raum ein und erfordert viel Arbeit und Geld. Wieviel Mühe kostet es, bis eingekauft, gekocht, gegessen und hinterher gespült und aufgeräumt ist. Darum ist es gut, darüber nachzudenken, was zu beachten ist. Der Geschmackssinn besteht aus Geschmacksknospen. Das sind Zellen, die vor allem an den Außenseiten der Zunge und in der Mundschleimhaut angesiedelt sind. Der Geschmackssinn wird vom Geruchssinn stark unterstützt. Ist die Nase verstopft, schmeckt das Essen fader. Auch der Sehsinn hilft zum Wohlgeschmack. Eine auch farblich sorgfältig angerichtete Mahlzeit schmeckt besser.

Es ist zu beachten, daß die Geschmacksnerven im Alter abnehmen, wie Gehör und Augenlicht und andere körperliche Funktionen auch. Dadurch besteht die Gefahr, daß wir im Alter zuviel würzen oder süßen.

Welche Nahrungsmittel sind im Älterwerden besonders wertvoll?

Milch und Milchprodukte, Gemüse, Salate und Obst. Letzteres möglichst roh. Täglich ein Apfel oder eine Kiwi decken den Vitaminbedarf. Es ist gut, anstelle von scharfen Gewürzen viel Küchenkräuter zu verwenden.

Auch die Temperatur der Speisen spielt eine Rolle. Ein stark gefrorenes Eis schmeckt weniger süß als ein leicht getautes. Eine gut temperierte Suppe schmeckt würziger als lauwarm. Darum nicht zu heiß und nicht zu kalt essen.

Sehr wichtig ist es, viel zu trinken, auch ohne Durstgefühl. Zu wenig Flüssigkeit schädigt das Gehirn, die Nieren und andere Organe. Zu empfehlen sind Mineralwasser und Obstsäfte, Früchte- und Kräutertees. Der Bohnenkaffee kann das Wohlbefinden fördern, aber wegen bestimmter Gefahren sollte der Arzt um Rat gefragt werden.

3. Sprichwörter und Redewendungen bezüglich Essen und Trinken

Die Gruppe trägt zusammen. Zur Ergänzung und Hilfe des Leiters hier nur einige Sprichwörter und Redewendungen.

Sprichwörter:

Trocken Brot macht Wangen rot (Butterbröter machen sie noch röter).
Alles hat ein Ende, nur die Wurst hat zwei.
Du mußt die Suppe auslöffeln, die du dir eingebrockt hast.
Mit Speck fängt man Mäuse.
Wenn die Mäuse satt sind, schmeckt das Mehl bitter.
Viele Köche verderben den Brei.
Hunger ist der beste Koch.
Es wird nichts so heiß gegessen, wie es gekocht wird.
Sauer macht lustig.
Ein voller Bauch studiert nicht gern.
Er lebt wie die Made im Speck.
Gut gelaunt ist halb verdaut.
Liebe geht durch den Magen.
Nach dem Essen sollst du ruhn oder 1000 Schritte tun.

Redewendungen:

Um den Brei reden.
Das ist kein Zuckerschlecken.
In den sauren Apfel beißen.
Es ist alles in Butter.

Den Braten riechen.
Sich abspeisen lassen.
Das ist mir Wurst.

4. Lied: Freut euch des Lebens, weil noch das Lämpchen glüht

Freut euch des Lebens,
weil noch das Lämpchen glüht,
pflücket die Rose,
eh sie verblüht.

Man schafft so gern sich Sorg' und Müh',
sucht Dornen auf und findet sie,
und läßt das Veilchen unbemerkt,
das uns am Wege blühet.

Freut euch des Lebens,
weil noch das Lämpchen glüht,
pflücket die Rose,
eh' sie verblüht.

Wenn scheu die Schöpfung sich verhüllt,
und laut der Donner um uns brüllt,
so lacht am Abend nach dem Sturm
die Sonne uns so schön.

Freut euch des Lebens,
weil noch das Lämpchen glüht,
pflücket die Rose,
eh' sie verblüht.

Wer Neid und Mißgunst sorgsam flieht
und G'nügsamkeit im Gärtchen zieht,
dem schießt sie schnell zum Bäumchen auf,
das goldne Früchte trägt.

Freut euch des Lebens,
weil noch das Lämpchen glüht,
pflücket die Rose,
eh' sie verblüht.

Wer Redlichkeit und Treue übt
und gern dem ärmeren Bruder gibt,
bei dem baut sich Zufriedenheit
so gern ihr Hüttchen an.

Freut euch des Lebens,
weil noch das Lämpchen glüht,
pflücket die Rose,
eh sie verblüht.

Worte M. Usterie

5. Die Kauprobe

Langsam und gut gekaute Nahrung ist geschmackvoller und vor allem auch besser verdaulich und sparsamer. Darum sagte ein Arzt: Jeden Bissen 32 mal kauen sei am besten. Das ist allerdings schwer durchführbar, aber zur Übung hilfreich.

Wir wollen es ausprobieren:

Jeder Teilnehmer bekommt einen Keks, dann bitte kauen und dabei zählen.

Wer schafft es 32 mal? (Zur Belohnung gibt es noch Kekse oder weitere Kauübungen, eventuell mit Trockenpflaumen.)

6. Lesung: Humor ums Essen

6.1 Pause auf dem Schulhof

Dort herrscht fröhlicher Lärm. Nur in einer Ecke steht ein kleines Mädchen und zählt ein paar Münzen in der Hand. Es zählt immer wieder und schüttelt den Kopf.

Die Pausenaufsicht fragt: „Warum tust du das?“

„Ich muß überlegen!“

„Was mußt du denn überlegen?“

„Ich überlege, ob ich mir Milch kaufen soll.“

„Hast du nicht genug Geld?“

„Doch, es reicht, aber ich habe gar keinen Durst!“

6.2 Pause am Wahltag

Zwei Wahlhelfer gehen ins nächste Restaurant. Der eine ißt Hackbraten, der andere hat sich Eis bestellt. Ein Bekannter fragt: „Wie schmeckt es denn?"

Der erste: „Es geht so, im Hackbraten haben die Brötchen die absolute Mehrheit."

Der andere sagt: „Das Eis ist gut. Aber es schmeckt nach mehr."

6.3. Beim Mittagessen

Ilse fragt: „Warum sind die guten Vitamine immer im Spinat, der mir gar nicht gut schmeckt? Warum nicht im Pudding?" – Was würden Sie antworten?

6.4. Einmal etwas anderes

Zwei Holzwürmer sitzen in einem Balken im Hafengelände. Sie sehen ein Schiff einfahren, das mit Bambus beladen ist. Da sagt der eine Holzwurm zum anderen: „Sollen wir mal chinesisch essen gehen?"

7. Lied: Wem Gott will rechte Gunst erweisen

Wem Gott will rechte Gunst erweisen,
den schickt er in die weite Welt,
dem will er seine Wunder weisen
in Berg und Tal und Strom und Feld.

Die Bächlein von den Bergen springen,
die Lerchen schwirren hoch vor Lust,
was sollt ich nicht mit ihnen singen
aus voller Kehl' und frischer Brust?

Den lieben Gott laß ich nur walten,
der Bächlein, Lerche, Wald und Feld
und Erd und Himmel will erhalten,
hat auch mein Sach' aufs best' bestellt.

8. Gespräch: Erlebnisse um den Kochtopf

Teilnehmer erzählen: Was schmeckt ihnen nicht? Welches war ihre Lieblingsspeise? Hatten sie besondere Erlebnisse?

Vor einigen Jahren erlebte ich eine Geschichte: Ich war zu einer Hochzeit eingeladen. Alle saßen am langen Tisch und warteten aufs Festessen. Die Bedienung war aufgeregt. Schließlich ließ es sich nicht länger verschweigen: Alles war gut geraten, aber man hatte vergessen, Kartoffeln zu kochen. Sie standen noch roh im Topf. Eine peinliche Sache. Man gab dann Weißbrot statt Kartoffeln zu dem leckeren Braten und den anderen guten Sachen, und alle waren zufrieden. Wer weiß noch etwas?

Marie Jürgenmeyer

noch besser Gemüse zu dem Braten – Trennkost

9. Wir machen seltsame Küchenzettel

Der Leiter nennt den Buchstaben S. Wir suchen zwei Speisenamen, die mit S anfangen. Zum Beispiel: Sauerkraut mit Sahnepudding oder Semmel mit Sauerkirschen. Es kann Vorspeise und Nachspeise oder ein Hauptgericht sein, wenn es nur essbar ist. Etwa Tomatensuppe mit Teltower Rüben. Der Leiter nennt weitere Anfangsbuchstaben.

10. Liedvers aus dem Lied: Ich singe dir

Du nährest uns von Jahr zu Jahr,
bleibst immer fromm und treu
und stehst uns, wenn wir in Gefahr
geraten, treulich bei.

11. Andacht

Wissen Sie, wie das erste „du sollst“ in der Bibel heißt? Gott sprach es bereits im Paradies zu Adam: „Du sollst essen von allerlei Bäumen im Garten.“ 1.Mose 2,16. Menge übersetzt den griechischen Text so: „Von allen Bäumen im Garten darfst du nach Belieben essen.“

Aus den Worten spürt man die liebevolle Fürsorge Gottes für den Menschen. Nach Belieben darf Adam wählen, was er möchte. Allerdings, die Frucht eines Baumes war ihm verboten. Gott gab den Menschen zunächst pflanzliche Kost. Nach der Sintflut ist auch fleischliche Nahrung freigegeben.

Ich hörte vor Jahren ein Gespräch über Essen und Trinken. Da hieß es: „Wer nicht genießen kann, wird ungenießbar“. Das ist auch meine Erfahrung, denn Gott will, daß wir uns freuen, daß wir die Speise genießen und fröhlich unsere Mahlzeiten verzehren.

Zu beachten ist auch, daß die Bibel von vielen Wundern berichtet, in denen es um die Speise geht. Daraus erkennen wir, wie wichtig für Gott die körperliche Versorgung der Menschen und Tiere ist.

Es gibt aber zwei große Gefahren: das Zu-viel und das Zu-wenig. Man kann seinen Körper zu wichtig nehmen. Das Denken und Handeln dreht sich immer nur um Essen und Trinken, um Krankheit und körperliches Wohlergehen. Paulus schreibt den Römern: „Hütet euch davor, euren Leib mit seinen Wünschen und Begierden zum Mittelpunkt eures Lebens zu machen“ (Röm. 13,14). Diese Gefahr ist im Alter besonders groß, weil so vieles andere ausfällt.

Das Gegenteil der Überfürsorge ist das Vernachlässigen des Körpers. Man ißt nicht, wenn es nicht gut schmeckt, oder wenn man keine Lust zum Essen hat. Man trinkt nicht, wenn man nicht mag. Allerdings geht es bei der Pflege des Leibes nicht nur um Speise und Trank, sondern auch um Bewegung in frischer Luft und manches andere.

Ganz wichtig ist der Dank für Gottes Güte, auch für die leibliche Speise. Das Tischgebet ist weithin aus der Mode gekommen. Kinder wurden gefragt: „Wer betet vor oder nach dem Essen?“ Ein Mädchen antwortete: „Bei uns ist das nicht nötig, meine Mutter kann gut kochen.“

Das zeigt, daß man den Geber aller guten Gaben, den lebendigen Gott, weithin aus dem Auge verloren hat. Dadurch sind wir innerlich sehr viel ärmer geworden. Gottes Wort sagt: „Wer Dank opfert, der preist mich, und das ist der Weg zum Heil Gottes“ (Ps. 50,23).

Gehören wir zu den dankbaren Empfängern der guten Gaben Gottes?

12. Lied: Danket dem Herrn!

Danket dem Herrn! Wir danken dem Herrn,
denn er ist freundlich,
und seine Güte währet ewiglich,
sie währet ewiglich, sie währet ewiglich.

Lobet den Herrn! Ja, lobet den Herrn auch meine Seele,
Vergiß es nie, was er dir Gut's getan,
Was er dir Gut's getan, was er dir Gut's getan.

Sein ist die Macht. Allmächtig ist Gott;
sein Tun ist weise, und seine Huld ist jeden Morgen neu,
ist jeden Morgen neu, ist jeden Morgen neu.
Betet ihn an! Anbetung dem Herrn;
mit hoher Ehrfurcht werd' auch von uns sein Name stets genannt,
sein Name stets genannt, sein Name stets genannt.

Singet dem Herrn! Lobsinget dem Herrn in frohen Chören,
denn er vernimmt auch unsern Lobgesang,
auch unsern Lobgesang, auch unsern Lobgesang!

Karl Friedrich Wilhelm Herrosee

6. Franz von Assisi, ein Leben im Dienst Gottes

Programm:

1. *Lied:* Was frag' ich viel nach Geld und Gut
2. *Einführung ins Thema*
3. *Lesung:* Franz von Assisi, aus seinem Leben
4. *Lied:* Jesu, geh voran
5. *Lesung:* Die Liebe des Franz von Assisi und seiner Brüder zur Schöpfung
6. *Die Vogelpredigt*
7. *Das Häschen*
8. *Gedächtnistraining:* Buchstabensalat
9. *Lied:* Freuet euch der schönen Erde
10. *Lesung:* Geistliches Wachstum
11. *Gedicht:* Der Sonnengesang
12. *Kanon:* Vom Aufgang der Sonne
13. *Lesung:* Die letzten Lebensjahre des Franz von Assisi
14. *Gebet des Franz von Assisi*
15. *Bekanntes Abend- oder Abschlußlied*

Texte zur Durchführung:

1. Lied: Was frag' ich viel nach Geld und Gut

Was frag' ich viel nach Geld und Gut, wenn ich zufrieden bin!
Gibt Gott mir nur gesundes Blut, so hab' ich frohen Sinn
und sing aus dankbarem Gemüt mein Morgen- und mein Abendlied.

So mancher schwimmt im Überfluß, hat Haus und Hof und Geld
und ist doch immer voll Verdruß und freut sich nicht der Welt.
Je mehr er hat, je mehr er will, nie schweigen seine Klagen still.

Da heißt die Welt ein Jammertal und deucht mir doch so schön,
hat Freuden ohne Maß und Zahl, läßt keinen leer ausgehn.
Das Käferlein, das Vögelein darf sich ja auch des Maien freun.

Und uns zuliebe schmücken ja sich Wiese, Berg und Wald,
und Vögel singen fern und nah, daß alles widerhallt.
Bei Arbeit singt die Lerch' uns zu, die Nachtigall bei süßer Ruh.

S. M. Müller

2. Einführung ins Thema

Franz von Assisi lebte von 1182 – 1226 in Italien. Er wurde bekannt durch sein Leben in selbstgewählter Armut, mit dem er Gott preisen wollte. Gott gab Gnade zu seinem Dienst, so daß sich bei seinem Tod schon mehrere 1000 Frauen und Männer Gott zur Verfügung gestellt hatten zum Dienst, vor allem an Armen und Kranken.

Noch heute sind Franziskaner-Mönche bei den Armen in San Francisco und Amsterdam, in Straßburg und vielen anderen Orten und bei Zigeunern tätig. Darum wollen wir heute seinen Lebensweg betrachten.

3. Lesung: Franz von Assisi, aus seinem Leben

Franz hatte es zu Hause gut, vielleicht zu gut. Er besaß schöne Kleider, viele Spielsachen, gutes Essen, ja sogar ein eigenes Pferd. Aber sein Herz war nicht froh. Darum wollte er immer neue Sachen, und sein Vater kaufte sie ihm. An Geld fehlte es ja nicht.

Franz wurde sehr krank. Da überlegte er: „Wenn ich wieder gesund bin, will ich viel Gutes tun! Mein ganzes Leben soll anders werden!" Aber wer konnte ihm sagen, wie er es machen sollte? Hin und her fragte er kluge Leute, doch niemand wußte guten Rat. Niemand merkte die Sehnsucht seines Herzens nach Jesus. So blieb er unfroh und suchend.

Eines Tages faßte er den Entschluß, nach Rom zu reiten. Dort mußte man ihm doch raten können, denn da wohnten die verantwortlichen Männer der Kirche. Als Franz zum Petrus-Dom kam, sah er viele Bettler, die auf den Treppenstufen saßen und jeden um Hilfe baten. Franz verschenkte sein ganzes Geld. Aber immer mehr zerlumpte, ausgemergelte, frierende Bettler scharten sich um ihn. Da schenkte er ihnen seine guten Kleider und zog selbst die Bettlersachen an. Mit einem Schlag waren alle Bettler seine Freunde. Sie lachten und sangen und freuten sich mit ihm, den ganzen Tag. Franz war glücklich, so glücklich wie noch nie. Auf dem Heimweg überlegte er, woher diese Freude kam. In seinem Testament bekennt er nach Jahren: „Der Herr Jesus führte mich selber unter die Bettler und Aussätzigen, und ich übte an ihnen Barmherzigkeit. Als ich sie verließ, war mir das, was mir unerträglich erschien – etwa Aussätzigen die Wunden behandeln – zur Erquickung für Leib und Seele geworden."

Auf dem Heimweg von Rom kam er an einer alten Kirche vorbei, die war staubig und halb verfallen. Als er betete, hörte er eine Stimme: „Franziskus, bau diese Kirche wieder auf!" Franz verkaufte sein Pferd und fing an zu arbeiten. Andere Männer gesellten sich zu ihm und halfen. Aber zu Hause gab es eine böse Auseinandersetzung. Der Vater war durchaus nicht einverstanden mit dem neuen Verhalten seines Sohnes. Darum organisierte der Vater eine öffentliche Versammlung auf dem Marktplatz, zu der auch der Bischof geladen war und vermitteln sollte. Aber Franz wußte um Gottes Auftrag für sein Leben. Er warf dem Vater sein letztes Geld und die vornehmen Kleider vor die Füße. Der Bischof hüllte den Nackten in seinen Mantel.

Nun war die Trennung vollzogen. Franz ging zurück zu den Männern, die als seine Brüder bei ihm bleiben wollten. Auch sie hatten ihr Leben dem Herrn Jesus zur Verfügung gestellt. Sie trugen nun eine einfache

Kutte mit einem Strick als Gürtel und an den Füßen Sandalen. So zogen sie durchs Land und halfen, wo Hilfe gebraucht wurde. Dabei verkündigten sie auch die frohe Botschaft von Jesus Christus. „Gottes Friede sei mit euch!“ war ihr Grußwort. Ihren Lebensunterhalt erbettelten sie. Als die Gruppe auf 10 Brüder angewachsen war, gingen sie nach Rom zum Papst. Der bestätigte die neue Bruderschaft und versprach den Schutz der Kirche. Sie nannten sich Minoriten (die Kleinen), erst später wurden sie Franziskaner genannt.

4. Lied: Jesu, geh voran auf der Lebensbahn

Jesu, geh voran auf der Lebensbahn,
und wir wollen nicht verweilen, dir getreulich nachzueilen.
Führ uns an der Hand bis ins Vaterland.

Soll's uns hart ergehn, laß uns feste stehn
und auch in den schwersten Tagen niemals über Lasten klagen;
denn durch Trübsal hier geht der Weg zu dir.

Rühret eigner Schmerz irgend unser Herz,
kümmert uns ein fremdes Leiden, o so gib Geduld zu beidem;
richte unsern Sinn auf das Ende hin!

Ordne unsern Gang, Jesu, lebenslang.
Führst du uns durch rauhe Wege, gib uns auch die nöt'ge Pflege!
Tu uns nach dem Lauf deine Türe auf!

Nikolaus Ludwig Graf von Zinzendorf

5. Lesung: Die Liebe des Franz von Assisi und seiner Brüder zur Schöpfung

Im oberen Arnotal liegt der Berg La Verna. Dort wurde den Brüdern ein großes Waldstück geschenkt. In diese Bergeinsamkeit mit großen Wäldern und einem weiten Blick bis zum Meer zog sich Franz mit seinen Brüdern manchmal zurück, um stille Einkehr zu halten und zur Sammlung neuer Kräfte. Eines Tages hielten sie unter einer Eiche Rast. Da kamen viele Vögel, die sich auf die Schultern des Franz setzten, auch auf seine Knie und keinerlei Angst zeigten. Zunächst wunderte sich Franz, dann freute er sich, sprach zu ihnen und bat sie demütig, sie möchten doch Gottes Wort anhören. Unter anderem sprach er zu ihnen:

6. Die Vogelpredigt

„Meine lieben geflügelten Brüder! Ihr lobt euren Schöpfer und sollt ihn immer lieb haben. Er hat euch ja Federn zur Bekleidung gegeben, Flügel zum Fliegen und was euch sonst nötig ist. Fein hat euch Gott gemacht unter seinen Geschöpfen. Die reine Luft hat er euch gegeben. Ihr säet nicht und erntet nicht, und er schützt und leitet euch doch ohne all euer Zutun."

Da fingen die Vögel auf wunderbare Weise an, auf ihre Art sich zu freuen und zu jubilieren. Sie reckten den Hals und schlugen mit den Flügeln, machten die Schnäbel auf und guckten ihn an. Er selbst aber ging mitten zwischen ihnen hin und her. Dann segnete er sie, machte das Zeichen des Kreuzes über sie und erteilte ihnen die Erlaubnis fortzufliegen.

7. Das Häschen

Der heilige Franz liebte auch die anderen Tiere sehr, und sie verstanden seine Liebe. Ein Bruder brachte ihm eines Tages ein Häslein, das sich in einer Schlinge verstrickt hatte. Beim Anblick des verängsteten Tieres sprach er voll Mitleid: „Häschen, mein Brüderlein, komm her zu mir! Warum hast du dich so überlisten lassen?" Der Bruder, der das Tierlein freigemacht und in Händen hatte, ließ es los. Schnell eilte das Häslein zu Franziskus wie an einen schützenden Ort und ruhte friedlich auf seinem Schoß. Der heilige Franz behielt es eine Weile und streichelte es mit mütterlicher Zärtlichkeit. Dann entließ er das Tier, damit es in den Wald zurückkehre. Aber es kam zu ihm zurück. Er setzte es wieder auf die Erde, aber immer wieder sprang es auf seinen Schoß. Der heilige Franz mußte es dann durch einen Bruder in den Wald zurückbringen lassen.

8. Gedächtnistraining: Buchstabensalat

Die Buchstaben der einzelnen Vogel- und Tiernamen sind durcheinandergeschüttelt. Um welche Tiere geht es?
NUHD; DERPF; SEHA; LASME; ETABU; SCHROT; EMSIE; BLAK; GNILPRES; KERAT.
(Auflösung: Hund, Pferd, Hase, Amsel, Taube, Storch, Meise, Kalb, Sperling, Kater)

9. Lied: Freuet euch der schönen Erde

Freuet euch der schönen Erde, denn sie ist wohl wert der Freud.
O was hat für Herrlichkeiten unser Gott da ausgestreut.

Und doch ist sie seiner Füße reich geschmückter Schemel nur,
ist nur eine schön begabte, wunderreiche Kreatur.

Freuet euch an Mond und Sonne und den Sternen allzumal,
wie sie wandeln, wie sie leuchten über unserm Erdental.

Und doch sind sie nur Geschöpfe von des höchsten Gottes Hand,
hingesät auf seines Thrones weites, glänzendes Gewand.

Wenn am Schemel seiner Füße und am Thron schon solcher Schein,
o was muß an seinem Herzen erst für Glanz und Wonne sein.

Philipp Spitta

10. Lesung: Geistliches Wachstum

Die Liebe zu Gottes wunderbarer Schöpfung wuchs in Franziskus immer mehr. So wurden ihm auch Mond und Sonne, Sterne, Wind und Wasser, Feuer und Erde zu Brüdern und Schwestern. Er wollte, daß Menschen sich freuten an diesen guten Gaben Gottes, an den Strahlen der Sonne, am Zirpen der Grillen, am Duft der Blumen. Aus dieser Liebe und Freude entstand dann sein Sonnengesang.

11. Gedicht: Der Sonnengesang

Höchster, allmächtiger, gütiger Herr!
Dir gehören Preis, Ruhm, Ehre und Segen.
Dir allein geziemen sie, Höchster,
und kein Mensch ist wert, dich zu nennen.
Gepriesen seist du, o Herr, mit allen deinen Geschöpfen,
vornehmlich mit unserm Bruder, dem Sonnengestirn,
welches den Tag schafft und uns erleuchtet durch ihn.
Es ist schön und strahlend mit großem Glanz,
ein Gleichnis deiner, o Höchster.

Gepriesen seist du, o Herr, durch Schwester Mond und die Sterne.

Du hast sie am Himmel gebildet, köstlich und schön.
Gepriesen seist du, o Herr, durch den Wind, unsern Bruder,
durch die Luft und die Wolken und heitre und jegliche Witterung,
durch welche du deinen Geschöpfen Erhaltung gewährest.
Gepriesen seist du, o Herr, durch unsere Schwester, das Wasser;
sehr nützlich ist es, demütig, kostbar und keusch.
Gepriesen seist du, o Herr, durch unsern Bruder, das funkelnde Feuer,
durch welches du die Nacht helle machst;
schön ist es und freudespendend, stark und gewaltig.
Gepriesen seist du, o Herr, durch unsere Schwester und Mutter, die Erde,
die uns erhält und regiert und mannigfache Früchte hervorbringt,
bunte Blumen, farbige Kräuter.

12. Kanon

Vom Aufgang der Sonne bis zu ihrem Niedergang
sei gelobet der Name des Herrn, sei gelobet der Name des Herrn.

13. Die letzten Lebensjahre des Franz von Assisi

Franz und seine Brüder lebten zur Zeit der Kreuzzüge, die unbeschreibliche Not und Verwirrung brachten. Die Minoriten wollten Hilfe bringen und um Gottes willen zum Frieden mahnen. Franz selbst brach nach Ägypten auf, um das Morden auf dem Kreuzzug zu verhindern. Aber er konnte das sinnlose Blutvergießen nicht aufhalten. Tief enttäuscht kam er wieder nach Hause mit einer schlimmen Augenkrankheit.

Erst 44 Jahre alt, legte Gott ihn aufs Krankenlager. Da fügte er seinem Sonnengesang noch die Verse vom Bruder Tod hinzu:

Gepriesen seist du, o Herr, durch den leiblichen Tod,
unsern Bruder, vor welchem nicht entrinnen mag ein Lebendiger.
Wehe, welche in Sünden sterben.
Selig, welche der Tod ergeben trifft!
Die Nacht kann ihnen kein Leid tun.
Gepriesen seist du, o Herr, mit allen deinen Geschöpfen!
Lobet ihn, preiset ihn und danket ihm mit großer Demut!

Von seinen Brüdern wurde er treulich gepflegt, und unter ihren Lobgesängen verschied er am 3. Oktober 1226. Aber sein Werk lebt weiter, auch heute noch: Der Dienst an Menschen in Not um Jesu willen.

14. Als Abschlußandacht ein Gebet des Franz von Assisi

O Herr, mache mich zum Werkzeug deines Friedens,
daß ich Liebe übe, da wo man sich haßt,
daß ich verzeihe, wo man sich beleidigt,
daß ich Hoffnung erwecke, wo Verzweiflung quält,
daß ich ein Licht anzünde, wo die Finsternis regiert.
Laß mich danach streben: nicht getröstet zu werden, sondern zu trösten,
nicht verstanden zu werden, sondern zu verstehen,
nicht geliebt zu werden, sondern zu lieben.
Denn wer da hingibt, der empfängt,
wer sich verliert, der findet,
wer verzeiht, dem wird verziehen.
Und wer stirbt, der erwacht zum ewigen Leben.

15. Ein bekanntes Abend- oder Schlußlied

7. Matthias Claudius, ein fröhlicher Christ

Programm:

1. *Lied:* Wir pflügen und wir streuen
2. *Hinführung*
3. *Das Leben des Matthias Claudius: 1. Teil*
4. *Gedächtnistraining:* Akrostichon mit Liedern
5. *Das Leben des Matthias Claudius: 2. Teil*
6. *Kurzandacht*
7. *Lied:* Gott, laß dein Heil uns schauen

Texte zur Durchführung:

1. Lied

Wir beginnen unser Zusammensein mit einem Lied, dessen Text Matthias Claudius dichtete; das oft zum Erntedankfest gesungen wird. Der Inhalt gilt aber zu jeder Jahreszeit.

Wir pflügen und wir streuen, den Samen auf das Land,
doch Wachstum und Gedeihen steht in des Himmels Hand:
der tut mit leisem Wehen sich mild und heimlich auf
und träuft, wenn heim wir gehen, Wuchs und Gedeihen drauf.

Alle gute Gabe kommt her von Gott dem Herrn,
drum dankt ihm, dankt, drum dankt ihm, dankt und hofft auf ihn!

Er sendet Tau und Regen und Sonn- und Mondenschein,
er wickelt seinen Segen gar zart und künstlich ein,
und bringt ihn dann behende in unser Feld und Brot:
es geht durch unsere Hände, kommt aber her von Gott.

Alle gute Gabe kommt her von Gott dem Herrn,
drum dankt ihm, dankt, drum dankt ihm, dankt und hofft auf ihn!

Was nah ist und was ferne, von Gott kommt alles her,
der Strohhalm und die Sterne, der Sperling und das Meer.
Von ihm sind Büsch und Blätter und Korn und Obst von ihm,
das schöne Frühlingswetter und Schnee und Ungestüm.

Alle gute Gabe kommt her von Gott dem Herrn,
drum dankt ihm, dankt, drum dankt ihm, dankt und hofft auf ihn!

Er läßt die Sonn aufgehen, er stellt des Mondes Lauf;
er läßt die Winde wehen und tut den Himmel auf.
Er schenkt uns so viel Freude, er macht uns frisch und rot;
er gibt den Kühen Weide und unsern Kindern Brot.

Alle gute Gabe kommt her von Gott dem Herrn,
drum dankt ihm, dankt, drum dankt ihm, dankt und hofft auf ihn!

2. Hinführung

Matthias Claudius lebte von 1740-1815. Er wurde im Pfarrhaus zu Reinfeld bei Lübeck geboren. Als ein fröhlicher Christ, der andere zum Schmunzeln und zur Freude bringt, ist er heute noch bekannt. Er hat als Dichter sowohl in Prosa als auch in Lyrik seinen eigenen Stil und Gemütstiefe und Herzensfrömmigkeit. Wir wollen von den wesentlichen Stationen seines Lebensweges hören mit eingefügten Gedichten, Liedern und einem Brief von ihm.

3. Das Leben des Matthias Claudius: 1. Teil

Erzähler: In Reinfeld verlebte Matthias mit seinem älteren Bruder Josias eine frohe, behütete Kindheit.

Reinfeld, Sylvester 1749.

„Mutter, weckst du uns morgen auch früh genug?" fragen Josias und Matthias, als die Mutter sie ins Bett bringt.

„Ja, Kinder, schlaft nur gut ins neue Jahr hinein", versichert die Mutter und deckt die Buben mit den dicken Federbetten fest zu, denn draußen ist es bitterkalt.

Es ist noch stockdunkel, als die Mutter am nächsten Morgen mit der Kerze in der Hand die Kinder weckt: „Josias, Matthias, steht auf. Das liebe neue Jahr bricht an!"

Josias springt schnell aus dem Bett, aber der kleine Matthias findet sich nicht zurecht.

„Willst du nicht dabeisein, wenn die Buben das neue Jahr einsingen?"

„Doch, doch!" ruft er und springt aus dem Bett.

Die Mutter zieht ihnen die wärmsten Sachen an, eine dicke Strickmütze schützt die Ohren, ein wollener Schal wärmt den Hals, die Hände stecken in dicken Fäustlingen. So ziehen sie hinaus in die Dunkelheit. Durch knirschenden Schnee kommen sie zum Dorfplatz, wo die anderen schon warten. Mit ihren hellen Stimmen singen sie:

Sprecher:

„Nun laßt uns gehn und treten mit Singen und mit Beten
zum Herrn, der unserm Leben bis hierher Kraft gegeben."

Erzähler: Von Haus zu Haus geht die Schar und singt. Zum Schluß singen sie vor der Kirche. Da tritt der Vater hinzu und fällt mit kräftiger Stimme ein:

Sprecher:

„Wir gehn dahin und wandern
von einem Jahr zum andern,
wir leben und gedeihen
von alten bis zum neuen."

Erzähler: Nach dem Gottesdienst ruft der Vater seine Jungen in die Studierstube. Die Mutter kommt mit hinein. Hier liegt des Vaters Patenbibel, in der die Kinder sonntags schon oft gelesen haben. Heute nimmt der Vater die Bibel und gibt sie seinem Ältesten, dem Josias, in die Hand. Jetzt darf er sie ganz sein eigen nennen. Der neunjährige Matthias aber soll auch nicht leer ausgehen. Eine neue, in Leder gebundene Bibel nimmt der Vater vom Schreibtisch und sagt: „Diese Bibel, mein Sohn, schenkt dir deine Mutter, halte sie wert dein Leben lang. Sie enthält Gottes Wort an dich. Sieh zu, daß du verstehen lernst, was sie dir sagen will." Stumm vor Freude stehen beide Buben mit ihren kostbaren Büchern in den Händen, bis die Mutter sie in den Arm nimmt und küßt. Jetzt erst wagt Matthias, das Buch aufzuschlagen. Seite um Seite blättert er um. Da findet er auf der allerletzten Seite Mutters Schrift.

Sprecher:

„Vor allem danke Gott in allen deinen Schicksalen, die dir widerfahren werden, und bitte, daß er dich regiere und du in allem seinem Worte folgest ..."

Erzähler: Jahre gehen vorüber. Nach dem Abitur studieren beide Brüder in Jena Theologie. Aber dabei kommen notvolle Zweifel, es fehlen Professoren, die nicht nur den Verstand schärfen, sondern zum lebendigen Glauben verhelfen. Matthias erlebt, was er später in Worte faßt:

Sprecher:

„Wir stolzen Menschenkinder sind eitel arme Sünder
und wissen gar nicht viel.
Wir spinnen Luftgespinste und suchen viele Künste
und kommen weiter von dem Ziel."

Matthias sattelt deshalb um und studiert Jura. Aber es ist die Zeit des 7jährigen Krieges. Durchziehende Truppen bringen eine böse Krankheit mit, die Blattern. Matthias infiziert sich zuerst, er wird sterbenskrank,

darf dann aber genesen. Doch dann legt sich Josias. Der Bruder pflegt ihn hingebend, aber alle Mühe reicht nicht aus, das Leben des Bruders zu retten. Er stirbt nach qualvollem Leiden. Dieser Tod erschüttert Matthias sehr. Er fragt, ob der Tod des Bruders Gottes Wille gewesen sei, und weiß keine Antwort. Gott scheint ihm so fern zu sein. Da hilft ihm die Bibel seiner Mutter, die er an jenem Neujahrsmorgen bekommen hatte. Nun blättert er nicht mehr nur Seite für Seite um – die Mutter hat ihm ja geschrieben, sie enthalte Gottes Wort an ihn persönlich. So fängt er an aufzuhorchen. Am liebsten liest er im Johannesevangelium. Viele Worte sind ihm noch unverständlich. Aber je mehr er sich hineinvertieft, desto wunderbarer wird es ihm uns Herz.
Von einem Tag zum andern sehnt er sich nach der Stunde, in der er wieder Zeit finden kann für seine Bibel. Je mehr er liest, desto mehr spürt er, daß Gott uns in seinem Wort ganz nahe kommen will, wenn wir nur bereit sind, auf ihn zu hören.
Durch diesen Umgang mit der Bibel wird Matthias Claudius allmählich zu einem fröhlichen Christen, der sein ganzes Leben in Gottes Hand legen kann.
Nach Abschluß des Studiums kehrt Matthias nach Reinfeld zurück und tritt ins Berufsleben. Nach einem Dienst als Haushofmeister am Dänischen Königshof in Kopenhagen und der Redaktion am Hamburger Börsenblatt übernimmt er in Hamburg die Redaktion des Wandsbecker Boten, einer christlichen Zeitschrift.
Nun gilt es, eine Wohnung in Wandsbeck zu suchen, das damals zu Dänemark gehörte. Durch Vermittlung des Zimmermeisters Behn kann er ein kleines Haus mieten. Hier finden sich bald Freunde ein. Es bleibt aber auch eine gute Verbindung mit der Familie Behn. Besonders gut gefällt ihm die Tochter Rebekka. Schon bald verlobt er sich mit ihr. Im Frühjahr 1772 lädt er seinen Freundeskreis und Familie Behn zu einem Frühlingsfest ein. Während der fröhlichen Unterhaltung bei Tisch zieht Matthias plötzlich ein Erlaubnisschreiben des Dänischen Königs hervor, darin steht, daß er sich sofort trauen lassen dürfe. Der auch anwesende Pfarrer ist bereit und traut das junge Paar. So wird aus dem Frühlingsfest ein fröhliches Hochzeitsfest.
Matthias hat ein Lied gedichtet und es überschrieben: Täglich zu singen. Es zeigt so recht die Grundeinstellung seines Lebens. Auf diese Weise kann er mit seiner jungen Frau viele Menschen mit hineinnehmen in die Freude durch und an Christus.

Lied: Ich danke Gott und freue mich

Daß ich die Sonne, Berg und Meer und Laub und Gras kann sehen
und abends unterm Sternenheer und lieben Monde gehen.

Ich danke Gott mit Saitenspiel, daß ich kein König worden,
Ich wär geschmeichelt worden viel und wär vielleicht verdorben

Auch bet' ich ihn von Herzen an, daß ich auf dieser Erde
nicht bin ein großer reicher Mann und auch wohl keiner werde.

Gott gebe mir nur jeden Tag, soviel ich b'darf zum Leben,
er gibt's dem Sperling auf dem Dach, wie sollt' er's mir nicht geben!

4. Gedächtnistraining: Akrostichon mit Liedern

Bei einem Akrostichon werden zu den Buchstaben des Namens Lieder, Aussprüche oder Begriffe mit entsprechenden Anfangsbuchstaben gesucht. Wir wollen zu den Namensbuchstaben des Ehepaares entsprechende Lieder suchen.

M. + R. Claudius (wenn möglich in großen Buchstaben auf einer Tafel oder einem Plakat sichtbar für alle anbringen.)

Beispiel: M = Mein Vater war ein Wandersmann ..., Macht hoch die Tür ...

R = Rosenstock Holderblüh ..., Rote Wolken am Himmel ...

Zu jedem Buchstaben sollten mindestens 3 Liedanfänge gesucht werden (außer beim C).

Vorschlag: Versuchen Sie es mit Ihrem eigenen Namen doch mal zu Hause.

5. Das Leben des Matthias Claudius: 2. Teil

Erzähler: Mit großer Freude empfängt das Ehepaar nach Jahresfrist einen kleinen Jungen, der aber nur einige Stunden lebt. Aber im nächsten Jahr wird eine gesunde Tochter geboren. Im Laufe der Zeit kommen noch 8 Kinder dazu. Liebevoll hat Matthias seine junge Frau beobachtet, daraus entstand das Gedicht:

Sprecher:

Die Mutter bei der Wiege
Schlaf, süßer Knabe, süß und mild!
Du deines Vaters Ebenbild!
Das bist du; zwar dein Vater spricht,
du habest seine Nase nicht.

Nur eben itzo war er hier
und sah dir ins Gesicht
und sprach: Viel hat er zwar von mir,
doch meine Nase nicht.

Mich dünkt es selbst, sie ist zu klein,
doch muß es seine Nase sein;
denn wenn's nicht seine Nase wär',
wo hättst du denn die Nase her?

Schlaf, Knabe; was dein Vater spricht,
spricht er wohl nur im Scherz;
hab immer seine Nase nicht,
und habe nur sein Herz!

Erzähler: Die Familie muß wegen geringer Einnahmen sehr sparsam leben. Aber der Vater versucht, daß immer eine fröhliche Stimmung herrscht. Deswegen erfindet er immer neue Feste, die aber absolut nichts kosten dürfen. Als bei dem Sohn Matthias der erste Zahn erscheint, ist es eine Freude für die ganze Familie. Der Vater hat schnell ein Festlied gedichtet. Im Nu ist es gelernt. Alle umstehen die Wiege und singen:

Sprecher:

Victoria! Victoria!
Der kleine, weiße Zahn ist da.
Du, Mutter, komm, und Groß und Klein
im Hause kommt, guckt hinein,
und seht den hellen Schein.

Der Zahn soll Alexander heißen!
Du liebes Kind, Gott halt ihn dir gesund,
und geb dir Zähne mehr in deinen Mund
und immer was dafür zu beißen!

Erzähler: Dann treten alle an die Wiege. Die älteste Schwester darf den Zahn sogar befühlen. Ja, das ist ein Fest!

Es ist gut, daß die Familie einen großen Garten besitzt. Da können die Kinder das Werden und Wachsen in der Natur recht beobachten, und es startet ein Fest ums andere: das Knospenfest und das Maifest, das Grünzügelfest bei dem ersten Salat, das Kirschenfest, und ...

Im Herbst gibt es das Kartoffelfest. Als die Mutter eines Tages zum Mittagessen nur eine Schüssel feinster Pellkartoffeln mit Salz auf den Tisch bringen kann und manch Auge noch nach anderem Ausschau hält, zieht der Vater einen Zettel aus der Rocktasche. Darauf steht sein neuestes Gedicht:

Sprecher:

Pasteten hin, Pasteten her! Was kümmern uns Pasteten?
Denn viel Pastet und Leckerbrot verdirbt nur Blut und Magen.
Schön rötlich die Kartoffeln sind und weiß wie Alabaster!
Sie däu'n sich lieblich und geschwind
und sind für Mann und Frau und Kind
ein rechtes Magenpflaster.

Erzähler: Allgemeiner Jubel zeigt dem Vater, daß er das Rechte getroffen hat. In einem Winter ist es besonders kalt, so daß morgens das Waschwasser im Schlafzimmer gefroren ist. Da laufen die Kleinen am liebsten zum warmen Ofen, um sich anzuziehen. Deswegen neckt der Vater sie mit seinem Lied vom Winter.

Sprecher:
Ein Lied, hinterm Ofen zu singen.
Wer den Text kennt, spricht bitte mit.

Der Winter ist ein rechter Mann,
kernfest und auf die Dauer;
sein Fleisch fühlt sich wie Eisen an
und scheut nicht süß noch sauer.

Doch wenn die Füchse bellen sehr,
wenn's Holz im Ofen knittert,
und um den Ofen Knecht und Herr
die Hände reibt und zittert;

wenn Stein und Bein vor Frost zerbricht,
und Teich' und Seen krachen;
das klingt ihm gut, das haßt er nicht,
dann will er tot sich lachen.

Da ist er denn bald dort, bald hier,
gut Regiment zu führen.
Und wenn er durchzieht, stehen wir
und sehn ihn an und frieren.

Erzähler: Jahre vergehen. Ein besonders schöner Festtag im Hause des Wandsbecker Boten ist der Tag der Silbernen Hochzeit. 25 Jahre haben Eheleute Freud und Leid miteinander geteilt. Matthias schenkt seiner Frau ein Gedicht:

Sprecher:
Ich danke dir, mein Wohl,
mein Glück in diesem Leben,
ich war wohl klug, daß ich dich fand.
Doch ich fand nicht,
Gott hat dich mir gegeben,
so segnet keine andere Hand.

Erzähler: Bald nach der Silberhochzeit gibt es auch grüne Hochzeiten. So wird es still im Wandsbecker Haus.

Es dauert aber nicht lange, da kommen Notzeiten über Deutschland. Napoleon erobert Hamburg, auch die Wandsbecker Einwohner müssen fliehen. So müssen beide noch das ganze Flüchtlingselend durchleben. Als sie endlich heimkehren dürfen, nimmt die Tochter in Hamburg sie zu sich. Sieben Wochen kann sie den Vater noch pflegen, dann darf er heimgehen. Da wird ihm die Bitte seines Liedes erfüllt.

Sprecher:

Wollst endlich sonder Grämen
aus dieser Welt uns nehmen
durch einen sanften Tod.
Und wenn du uns genommen,
laß uns zum Himmel kommen,
du, unser Herr und unser Gott.

6. *Kurzandacht*

Es ist uns ein Brief erhalten, den Matthias Claudius an seinen Freund Andres geschrieben hat. Es heißt darin:

„Besinnst du dich noch an unsere erste Schiffahrt, als wir den neuen Kahn probierten, und ich mitten auf dem Wasser herausfiel? Ich hatte schon alles aufgegeben und dachte nur daran, wie mir der Tod schmecken und was meine arme Mutter sagen würde. Da sah ich deinen ausgestreckten Arm mit der Hand und hakte ein. Und ich seh' die Hand heute immer noch, wenn ich nur deinen Namen höre, und Andres: Ich kann die Hand nicht vergessen ..."

Für mich war dies Erleben ein starker Hinweis auf die Jesushand. Ich las von diesem Erlebnis und Ausspruch vor Jahrzehnten. Aber die Worte: „Ich kann die Hand nicht vergessen" prägten sich mir tief ein.

In Psalm 139,8-10 bekennt der Psalmist: „Führe ich gen Himmel, so bist du da, bettete ich mich bei den Toten, so bist du auch da. Nähme ich Flügel der Morgenröte und bliebe am äußersten Meer, so würde mich doch deine Hand daselbst führen und deine Rechte mich halten."

Das hat Matthias Claudius immer wieder erfahren. Das habe ich persönlich auch hundertfach erlebt: Jesu Rechte hält mich und darum will ich diese Hand nie vergessen. Sie streckt sich nach jedem Menschen aus. Haben Sie sie schon ergriffen?

7. Liedvers aus dem Claudiuslied: Der Mond ist aufgegangen

Gott, laß dein Heil uns schauen,
auf nichts Vergänglichs trauen,
nicht Eitelkeit uns freun;
laß uns einfältig werden
und vor dir hier auf Erden
wie Kinder fromm und fröhlich sein!

8. Morgenstunde hat Gold im Munde

Programm:

1. *Lied:* Und die Morgenfrühe, das ist unsere Zeit
2. *Gedicht:* Die güldne Sonne bringt Leben
3. *Kurzreferat:* Die Morgenstunde
4. *Gespräch:* Schöne oder schwere Erlebnisse am Morgen
5. *Gedicht:* O wunderbares, tiefes Schweigen
6. *Lesung:* Ein Vogelmärchen mit Lerche und Bachstelze
7. *Lied:* Jeden Morgen geht die Sonne auf
8. *Gedicht:* Guter Rat
9. *Gedächtnistraining:* Wir bilden Wortketten
10. *Lied:* Mein Vater war ein Wandersmann
11. *Lesung:* Psalm 5,4+12: Herr, frühe wollest du meine Stimme hören
12. *Andacht*
13. *Lied:* Die güldne Sonne voll Freud und Wonne

Texte zur Durchführung:

1. Lied: Und die Morgenfrühe

Alle kleinen Sorgen sind nun ausgemacht,
in die Hütten ist der Schein gedrungen.
Nun ist gefallen das Tor der Nacht
vor der Freude, der Freude, da ist es zersprungen.

In der hellen Morgenfrühe sind wir da,
keiner wird uns hier den Weg vertreten,
die Städte weit und die Felder nah
und die Lerchen, die Lerchen, die hören wir beten.

Wie ein blanker Acker ist die Erde jetzt.
Her zu uns, daß wir die Saat beginnen!
Ein Hunger ist in die Augen gesetzt,
neue Lande, neue Lande wollen wir uns gewinnen.

Hans Baumann

2. Gedicht: Die güldne Sonne bringt Leben

Die güldene Sonne bringt Leben und Wonne,
vorbei ist die Nacht.
Ich kriech aus den Decken, gieß Wasser ins Becken.
Dann Frühstück gemacht.

Ich atme die Kühle. Wie wohl ich mich fühle!
Der Duft von Kaffee!
Ich lasse mir schmecken die leckeren Wecken
mit Apfelgelee.

Wie oft lag am Morgen ein Berg voller Sorgen
wie Blei auf der Brust.
Nichts wollte gelingen, mir fehlte zum Singen
und Leben die Lust.

Hab' Tränen verschwommen, kein Licht wahrgenommen,
doch die Sonne stand da.
Gott selbst ließ in Pfützen die Sonne aufblitzen
und war mir ganz nah.

Ach, wenn ich doch sähe das Licht aus der Höhe
jeden Augenblick.
So steh ich mitunter wie blind vor dem Wunder,
dem täglichen Glück.

Die güldene Sonne bringt Leben und Wonne.
Ich bin überm Berg.
Nun will ich beginnen mit hellwachen Sinnen
mein heutiges Werk.

Gerhard Schöne

3. Kurzreferat: Die Morgenstunde

Unser Thema sagt, daß ein recht verbrachter Morgen Gold wert ist. Ein Dichter sagt: Die Morgenstunde ist das Ruder des Tages. Und der Volksmund fragt jene, die mürrisch und lustlos ihren Tag beginnen: „Bist du heute mit dem linken Bein zuerst aufgestanden?" Das bedeutet: Er oder sie haben einen guten Start in den Tag verpaßt. Diese Aussagen meinen dasselbe: Glücklich ist, wer die Frühe des Tages recht ausnützt.

Was aber können wir dazu tun? „Sich zusammenreißen" allein nützt nichts. Zunächst gilt es zu beachten, daß ein gut verbrachter Abend den Morgen beeinflußt. Darum nicht zu früh und nicht zu spät schlafen gehen.

Es gibt Frühaufsteher, die ihre beste Zeit am Morgen haben, und es gibt Abendmenschen, die erst am Abend richtig munter sind. So hat jeder Mensch seiner Veranlagung nach seinen eigenen Arbeits- und Schlafrhythmus. Den gilt es zu beachten. Senioren brauchen meist weniger Schlaf als die jüngere Generation. Deshalb besteht die Gefahr, daß man sie überfordert. Günstig ist es, schon am Abend den nächsten Tag zu überdenken und auch etwas einzuplanen, was Freude macht.

4. Gespräch: Schöne oder schwere Erlebnisse am Morgen

Ich hatte als Zehn- und Elfjährige einen so weiten Schulweg, daß ich mit dem Zug fahren mußte. Ich brauchte aber bis zum Bahnhof eine halbe Stunde Fußweg, und der Zug fuhr um 6.21 Uhr. Das war für mich besonders im Winter schlimm. Aber unsere Mutter stand um fünf Uhr auf und machte Feuer, denn es war zur Winterzeit eiskalt im Haus. Dazu kochte sie mir jeden Morgen eine Tasse heißen Kakao. Elektrokocher oder Heizöfchen gab es ja noch nicht. Nie habe ich diese Fürsorge vergessen und denke dankbar daran zurück. *Marie Jürgenmeyer*

5. Gedicht: O wunderbares, tiefes Schweigen

O wunderbares, tiefes Schweigen,
wie einsam ist's doch auf der Welt!
Die Wälder nur sich leise neigen,
als ging der Herr durchs stille Feld.

Ich fühl' mich recht wie neu geschaffen,
wo ist die Sorge nun und Not?
Was mich noch gestern wollt erschlaffen,
ich schäm' mich des im Morgenrot.

Die Welt mit ihrem Gram und Glücke
will ich, ein Pilger, frohbereit
betreten nur wie eine Brücke
zu dir, Herr, übern Strom der Zeit.

Joseph v. Eichendorff

6. Lesung: Ein Vogelmärchen mit Lerche und Bachstelze

Lerche und Bachstelze begegnen dem Blumenelf

Eine Lerche war schon in aller Frühe Richtung Himmel geflogen und hatte laut jubiliert. Auf dem Rückflug irrte sie sich und landete auf einer Blumenwiese. Die Bachstelze war schon auf und fragte verwundert: „Was wollen Sie hier? Wollen Sie sich hier niederlassen?“

Die Lerche antwortete sehr freundlich „Guten Morgen“, denn sie bewunderte die Bachstelze in ihrer entzückenden Art, wie sie mit dem Schwanz wippte und anmutig mit dem Kopf nickte. Aber die Bachstelze blieb unfreundlich und redete weiter: „Es ist hier wenig Aussicht auf eine gute Wohnung. Man findet zwar, was man braucht. Aber im Schilf wohnt die Ringelnatter, und außerdem nistet auch der wenig beliebte Uhu in der großen Linde. Sonne gibt es hier auch nicht sehr viel. Nun sagen Sie, was Sie wollen!“

„Ich will hier fort“, sagte die Lerche, „und entschuldigen Sie die Störung. Ich war sehr hoch am Himmel, und das Licht der Sonne hat mich geblendet.“ Die Bachstelze wippte mit dem Schwanz: „Was reden Sie da? Die Sonne ist noch gar nicht aufgegangen!“

„Doch“, antwortete die Lerche, „da oben schien sie schon!“

Unwillig antwortete die Bachstelze: „Sie übertreiben. Schauen Sie hinauf zur Linde, dann sind Sie überzeugt, daß die Sonne noch nicht aufgegangen ist. Übrigens, schön sind Sie auch nicht gerade.“

„Nein, ich bin nicht schön, das weiß ich.“

„Nun, darin sind Sie wenigstens ehrlich. Aber das mit der Sonne hat mir nicht gefallen. Ich habe mal ein Falkenpaar belauscht, da hörte ich, daß die Falken höher fliegen als die Kugel des Jägers reicht, ja, diese großen Vögel schwingen sich so hoch auf, daß sie wie kleine Punkte am Himmel erscheinen.“

„O, ja! Die Falken fliegen hoch, sehr hoch!“

„Ja, und? Wollen Sie etwa sagen, daß Sie höher fliegen können als die Falken?“ Die Lerche schwieg. Aber die Bachstelze fuhr fort: „Wie ist es denn mit dem Singen? Haben Sie es jemals zu einer rechten Melodie gebracht?“ Die Lerche schüttelte den Kopf. „Ich muß immer nur jubeln.“

„Jubeln? Nun, ja, haben Sie mal unser Rotkehlchen singen gehört?“

„Doch, es hat mich sehr glücklich gemacht.“

„Sehen Sie, so etwas gibt es auf der Waldwiese! Und nun wollen Sie sich bei uns ansiedeln?“

„Nein, nein! Ich fliege zurück ins Feld. Aber erlauben Sie, daß ich etwas Tau trinke?“

„Gut, nehmen Sie!“ Und dann schaute die Bachstelze zu, wie die Lerche trank, und war stolz auf sich selbst, daß sie so gastfreundlich war zu einem fremden Vogel, der weder ehrlich war noch schön, noch etwas Rechtes im Singen zuwegebrachte.

Die Lerche schickte sich an fortzufliegen. Da sah sie den Blumenelf kommen, und die Bachstelze und alle erwachenden Blumen grüßten ihn.

„Ach“, rief die Lerche entzückt, „Sie haben hier einen Blumenelf?“ Und schon gewahrte der Elf die Lerche im Gras, kam eilig auf sie zu und rief: „O, du Lerche, bist du zu uns auf die Wiese gekommen und verkündigst uns die Freude des Morgens! Aus der strahlenden Höhe verscheuchst du die Traurigkeit der Nacht!“

Die Bachstelze murmelte betroffen vor sich hin: „Gibt es so was? Unmöglich!“ Dabei schüttelte sie den Kopf und wippte mit dem Schwanz.

„Ich liebe dich“, sagte der Elf zur Lerche. „Du bist es gewesen, die mich getröstet hat, als ich im Morgenrot den Weg in meine Heimat nicht fand. Ich danke dir von Herzen!“

„Aber bitte“, sagte die Lerche. „Sie sind wirklich freundlich zu mir. Ich tue ja nur, was ich muß, ich kann nicht anders als jubeln.“

„Ich weiß es“, antwortete der Elf, „aber ich will dich loben, du kleiner Vogel.“

Jetzt war die Bachstelze noch mehr überrascht und sagte: „Ich hätte gar nicht gedacht, daß die Lerche, die wie ein Spatz im Gras sitzt, soviel bedeutet. Aber es ist ja wahr, sie jubelt morgens.“

Der Elf wandte sich der Bachstelze zu: „Die Lerche fliegt höher als alle Vögel, außer dem Adler, und singt. Sie kann auch nur im Fliegen singen und jubeln!“

„Alle Achtung“, meinte die Bachstelze. „Ich brächte das nicht fertig. Sie soll sich ruhig hier ansiedeln.“

„Das tut sie nicht“, meinte der Blumenelf, „sie wohnt im Korn“. Die Lerche nickte, breitete die Flügel aus und rief: „Ich will euch zum Abschied singen“, und flog mit einem hellen Triller der aufgehenden Sonne entgegen. Der Elf schritt weiter.

Die Bachstelze nahm ihr Bad im Bach, frühstückte und setzte sich im Glanz der hellen Sonne auf die Wiese und freute sich, daß das Leben so schön war.

Waldemar Bonsels, stark gekürzt von Marie Jürgenmeyer

7. Lied: Jeden Morgen geht die Sonne auf

Jeden Morgen geht die Sonne auf
in der Wälder wundersamer Runde.
Und die schöne, scheue Schöpferstunde,
jeden Morgen nimmt sie ihren Lauf.

Jeden Morgen aus den Wiesengrund
heben weiße Schleier sich ins Licht,
uns der Sonne Morgengang zu künden,
ehe sie das Wolkentor durchbricht.

Jeden Morgen durch des Waldes Hall'n
hebt der Hirsch sein mächtiges Geweih,
der Pirol und dann die Vöglein alle
stimmen an die große Melodei.

Jeden Morgen geht die Sonne auf
in der Wälder wundersamer Runde.
Und die schöne, scheue Schöpferstunde,
jeden Morgen nimmt sie ihren Lauf.

K. Marx

8. Gedicht: Guter Rat

An einem Sommermorgen,
da nimm den Wanderstab,
es fallen deine Sorgen
wie Nebel von dir ab.

Des Himmels heitere Bläue
lacht dir ins Herz hinein
und schließt, wie Gottes Treue,
mit seinem Dach dich ein.

Rings Blüten nur und Triebe
und Halme von Segen schwer,
dir ist's, als zöge die Liebe
des Weges nebenher.

So heimisch alles klingt
als wie im Vaterhaus,
und über die Lerchen schwingt
die Seele sich hinaus. *Theodor Fontane*

9. Gedächtnistraining: Wir bilden Wortketten

Die Leiterin nennt das Wort Morgen-frühstück Die Teilnehmer bilden aus dem 2. Teil des Wortes „Frühstück" ein neues Doppelwort etwa Frühstücks-kaffee. Danach Kaffee-tasse usw. Das Spiel geht so lange weiter, bis Ermüdungserscheinungen sich zeigen. Sehr gut ist es, wenn es möglich wird, mit dem Wort Morgen zu schließen. Auf Wunsch kann noch eine neue Kette entstehen, etwa vom Wort: Morgenstunde ausgehend.

10. Lied: Mein Vater war ein Wandersmann

Mein Vater war ein Wandersmann, und mir steckt's auch im Blut,
drum wandre ich, solang ich kann und schwenke meinen Hut!
Valleri, vallera, vallerallallalla, valleri, vallera
und schwenke meinen Hut.

Das Wandern schafft stets neue Lust, erhält das Herz gesund;
frei atmet draußen meine Brust, froh singet dann mein Mund.
Valleri, vallera, vallerallallalla, valleri, vallera
und schwenke meinen Hut.

Warum singt dir das Vögelein so freudevoll das Lied?
Weil's immer fliegt, landaus landein durch alle Fluren zieht.
Valleri, vallera, vallerallallalla, valleri, vallera
und schwenke meinen Hut.

Was murmelt's Bächlein dort und rauscht so lustig hin durchs Rohr?
Weil's frei sich regt. Mit Wonne lauscht da das entzückte Ohr.
Valleri, vallera, vallerallallalla, valleri, vallera
und schwenke meinen Hut.

F. Sigismund; Melodie: M. Anding

11. Lesung: Psalm 5,4+12

Eine Psalmbitte: Herr, frühe wolltest du meine Stimme hören,
frühe will ich mich zu dir wenden und aufmerken.
Laß sich freuen alle, die auf dich trauen.
Ewiglich laß sie rühmen, denn du beschirmest sie.
Fröhlich laß sein in dir, die deinen Namen lieben.

12. Andacht

Vor Jahren hörte ich, daß in der Bibel etwas von der funkelnagelneuen Gnade stünde. Das ließ mich aufmerken und das entsprechende Gotteswort suchen. Ich fand in den Klageliedern des Jeremia, Kapitel 3, Vers 22-23 die Worte:

Gottes Barmherzigkeit ist alle Morgen neu,
und seine Treue ist groß.

Jeremia befindet sich in schwerer Situation. Der König von Babel hat Jerusalem erobert und die meisten Einwohner in Gefangenschaft geführt. Nun haust Jeremia in den Trümmern der Stadt und singt seine Klagelieder. Mitten in diesen Trauergesängen erklingt sein Lied von der Barmherzigkeit und Treue Gottes.

Diese Worte lösen bis heute große Freude in mir aus und erquicken mich immer wieder. Hier heißt es, daß die Barmherzigkeit Gottes alle Morgen da ist. Wir könnten auch sagen, seine Warmherzigkeit, sein warmes Herz für mich und alle Menschen ist jeden Morgen bereit, uns wohl zu tun. Er hat acht auf uns, er vergibt uns und bringt wieder zurecht, was wir verpfuscht haben. Und diese Barmherzigkeit ist frisch wie Quellwasser, ist funkelnagelneu. Auch für mich! Auch für Sie!

Wenn wir das erkennen, dann reißt es uns vom Stuhl, dann bringt es uns in Bewegung, hilft uns, die Morgenzeit recht zu nützen, hilft uns vor allem, sein Angebot, die funkelnagelneue Gnade, anzunehmen. Danach werden wir sie auch anderen anbieten, daß sie an dem Reichtum teilnehmen.

13. Lied

Die güldne Sonne voll Freud und Wonne oder *Morgenglanz der Ewigkeit, Licht vom unerschöpften Lichte*

9. So schön ist's im Harz

Programm:

1. *Lied:* Wohlauf in Gottes schöne Welt
2. *Gespräch:* Was wissen wir vom Harz?
   2.1 Der bekannteste Berg: der Brocken
   2.2 Naturschönheiten und Fremdenverkehr
   2.3 Lied: Wer recht in Freuden wandern will
   2.4 Städte in und um den Harz
   2.5 Besonderheiten im Harz
3. *Lied:* Auf, auf, ihr Wandersleut
4. *Humor, der die Ortsnamen betrifft*
5. *Gedächtnistraining:* Ortsnamen gesucht
6. *Es begab sich in Quedlinburg*
7. *Es begab sich in Walkenried*
8. *Lied:* Großer Gott, wir loben dich
9. *Andacht*

Texte zur Durchführung:

1. Lied: Wohlauf in Gottes schöne Welt

Wohlauf in Gottes schöne Welt, lebe wohl, ade!
Die Luft ist blau und grün das Feld, lebe wohl, ade!
Die Berge glühn wie Edelstein,
ich wandre mit dem Sonnenschein, la la ...
ins weite Land hinein.

Du traute Stadt am Bergeshang, lebe wohl, ade!
Du hoher Turm, du Glockenklang, lebe wohl, ade!
Ihr Häuser alle wohl bekannt,
noch einmal wink ich mit der Hand, la la ...
und nun seitab gewandt.

An meinem Wege fließt der Bach, lebe wohl, ade!
Der ruft den letzten Gruß mir nach, lebe wohl, ade!
Ach Gott, da wird's so eigen mir,
so linde weh'n die Lüfte hier, la la ...
als wär's ein Gruß von dir!

Ein Gruß von dir, du schönes Kind, lebe wohl, ade!
Doch nun den Berg hinab geschwind, lebe wohl, ade!
Wer wandern will, der darf nicht stehn,
der darf niemals nach hinten sehn, la la ...
muß immer weiter gehen. *Julius Rodenberg*

2. Gespräch: Was wissen wir vom Harz?

Einschub für Leiter und Leiterinnen
Um den Leitern und Leiterinnen der Gruppe die Vorbereitung zu erleichtern, habe ich vieles notiert, das aber nicht alles besprochen werden muß, weder nach Inhalt noch in der Reihenfolge.

Sie können die Beiträge der Teilnehmer ergänzen, die wahrscheinlich sehr unterschiedlich sein werden. Je nach Interesse könnte der Stoff auch auf zwei Zusammenkünfte aufgeteilt werden.

2.1 Der bekannteste Berg ist der Brocken

Der Brocken ist der höchste und bekannteste Berg des Harzes. 1.142 Meter hoch. Er hat eine Kuppe und liegt in einer der regenreichsten Regionen Deutschlands. Trotzdem hat er sehr viele Besucher, denn von dort hat man bei klarem Wetter eine weite Sicht in die norddeutsche Tiefebene, aber auch nach Westen, Süden und Osten, bis zur Porta Westfalika, nach Kassel und zur Röhn.

Schon in vergangenen Jahrhunderten bestiegen berühmte Männer den Brocken, unter anderem: der Zar von Rußland, Nikolaus II., Johann Wolfgang von Goethe, Heinrich Heine, Johann Freiherr von Eichendorff und unzählige Menschen aus Deutschland und aller Welt.

Bis zur Wende war der Gipfel dreißig Jahre Sperrgebiet. Um so mehr Besucher bringt nun die historische Brockenbahn mit Dampflock an Sommertagen zum Gipfel. Aber auch viele Wanderer und Fußgänger finden sich oben ein.

Vom Harz gibt es viele Sagen, Anekdoten, Märchen. Der Brocken hat es besonders mit den Hexen zu tun. Sie ziehen, auf dem Besen reitend, durch die Lüfte und veranstalten angeblich in der Walpurgisnacht vom 30. April zum 1. Mai auf dem Brocken ein Tanzfest, um den Winter auszutreiben.

2.2 Naturschönheiten und Fremdenverkehr

Der Harz bietet sehr viel Schönes. Weithin bekannt sind die Harzer Tannen und Fichten, die der Landschaft das Gepräge geben. Es gibt aber auch Laubwald. Zwei Drittel des Harzes ist bewaldet.

Der Wanderer findet auf weiten, guten Wanderwegen viele Naturschönheiten: Waldwiesen, verwitterte Felsen, schäumende Wildwasser, lustig plätschernde Bächlein. Stauseen und Fischteiche fügen sich in die abwechslungsreiche Landschaft ein. Da im Winter viel Skisport getrieben wird, gibt es viele gute Langlaufpisten und Sprungschanzen.

Das alles begünstigt den Fremdenverkehr, auf den die Bevölkerung angewiesen ist. In der vergangenen Zeit war der Bergbau die wesentliche Verdienstquelle. Es fanden sich Vorkommen an Silber, Kupfer, Zink und Blei in der Tiefe der Berge. Das brachte den Arbeitern Lohn und Brot. Aber aller Bergbau ist stillgelegt, ebenso die Hüttenwerke.

Neben der Schönheit der Natur gibt es viele heilklimatische Angebote und Therapien.

2.3 Lied: „Wer recht in Freuden wandern will“

Wer recht in Freuden wandern will,
der geh der Sonn entgegen.
Da ist der Wald so kirchenstill,
kein Lüftchen mag sich regen.
Noch sind nicht die Lerchen wach,
nur im hohen Gras der Bach
singt leise den Morgensegen.

Die ganze Welt ist wie ein Buch,
darin uns aufgeschrieben
in bunten Zeilen manch ein Spruch,
wie Gott uns treu geblieben;
Wald und Blumen, nah und fern,
und der helle Morgenstern
sind Zeugen von seinem Lieben.

Da zieht die Andacht wie ein Hauch
durch alle Sinnen leise;
da pocht ans Herz die Liebe auch
in ihrer stillen Weise,
pocht und pocht, bis sich's erschließt
und die Lippe überfließt
von lautem, jubelndem Preise.

Und plötzlich läßt die Nachtigall
im Busch ihr Lied erklingen;
in Berg und Tal erwacht der Schall
und will sich aufwärts schwingen,
und der Morgenröte Schein
stimmt in lichter Glut mit ein:
Laßt uns dem Herrn lobsingen.

Emanuel Geibel

2.4 Städte in und um den Harz

Halberstadt im Nordharz wurde 827 schon zum Bischofssitz gewählt. Durch die günstige Lage an Fernhandelswegen wuchs sie schnell zu einer der bedeutendsten Städte im deutschen Reich. Der wunderbare Dom ist das reinste Bauwerk deutscher Gotik.

Goslar, die 1000 jährige Kaiserstadt, ist bekannt durch die große Kaiserpfalz. Mittelpunkt ist der historische Marktplatz mit dem goldenen Reichsadler auf dem Marktbrunnen. Goslar wurde wenig zerstört und sorgfältig restauriert. Deshalb lockt die Stadt viele Besucher an.

Quedlinburg ist bekannt durch sein Schloß und das Frauenstift. 919 wurde der Quedlinburger Sachsenherzog Heinrich der Erste zum deutschen Kaiser gewählt. Quedlinburg besaß sehr reiche Schätze und Kunstwerke, die aber von dem jüngsten Bruder Napoleons, Jerome, genannt König Lustig, weithin verkauft wurden.

Bad Harzburg ist eine traditionelle Badestadt mit Solequellen, Salinen und dem Angebot von Naturheilverfahren.

Wernigerode, ein mittelalterliches Kleinod, hat ein imposantes Fachwerkhaus. Vom Schloß hat man einen herrlichen Ausblick auf den Brocken.

Nordhausen, einst eine reiche Handelsstadt, wurde im zweiten Weltkrieg zu 75 % zerstört. Heute ist sie das industrielle Zentrum der Gegend.

Sangershausen ist bekannt durch seinen großen Rosengarten mit 55.000 Rosenstöcken. Es gibt dort Tausende verschiedener Rosensorten. Besonders gepflegt werden solche, die vom Aussterben bedroht sind.

Stolberg, genannt die Perle des Südharzes, ist ein Fachwerkstädtchen. Es blieb weitgehend von Kriegseinflüssen verschont.

Südlich der Stadt *Thale* liegt die Roßtrappe mit Blick ins stein- und felsenreiche Bodetal mit der Teufelsbrücke und der wild zerklüfteten Teufelsmauer, einem kilometerlangen Kamm aus Sandstein. Gegenüber der Roßtrappe liegt der Hexentanzplatz mit dem Harzer Bergtheater. Auch dort beeindruckt das Felsgestein.

Einer Sage nach wollte der Graf vom Regenstein, auf einem Pferd reitend, seine Liebste vor einem Verfolger retten. Auf der Flucht kam er auf der Roßtrappe nicht weiter. Da wagte er den Riesensprung hinüber zum Hexentanzplatz. Beim Absprung soll sich ein Pferdehuf in das Felsgestein eingegraben haben. Der riesengroße Abdruck ist noch heute zu sehen. Sie kamen hinüber. Die Prinzessin war gerettet, aber beim Sprung hatte sie ihre Krone verloren, die in einem Strudel der Bode versank. Der Graf suchte sie verzweifelt und kam dabei ums Leben.

2.5 *Besonderheiten im Harz*

Die Rübeländer Tropfsteinhöhlen sind weltweit bekannt, weil sie schon in sehr alter Zeit entdeckt und von Menschen genützt wurden. Sie dehnen sich sehr weit aus mit ihren Seen und Grotten und Tropfsteingebilden. Dort finden sogar Höhlenfestspiele statt.

Die Harzer Schmalspurbahn von Nordhausen nach Wernigerode ist wahrlich eine Besonderheit. Sie steht unter Denkmalschutz. Schnaufend und zischend fährt sie durch dichte Wälder, romantische Schluchten, durch eine Hochebene mit Sicht zum Brocken. Es ist eine erlebnisreiche Strecke mit sehr vielen Kurven und etwa 400 Brücken. Die Kohleheizung und der weiße Dampf geben der Fahrt eine besondere Note.

Nicht unerwähnt darf bleiben, daß das Leben im Harz oft mühsam und schwer war. Der Ostharz wurde in der Vergangenheit der „Hungerharz" genannt. Dort waren wenige Verdienstmöglichkeiten, weil die Gegend weit ab vom Handelsweg lag. Im mittleren Harz gibt es zwei Ortsnamen, die die ganze Not aufzeigen. Es sind die Orte „Elend" und „Sorge". Überall im Harz hatten die Bauern wegen der kargen Böden und ungünstigen Witterungsverhältnisse nur sehr geringe Einnahmen.

Außer den genannten Orten gibt es noch viele schöne, nicht erwähnte Bäder und Orte. Die Teilnehmer der Fröhlichen Runde sind gebeten, noch manche zu nennen.

3. *Lied: Auf, auf ihr Wandersleut*

Auf, auf ihr Wandersleut,
zum Wandern kommt die Zeit!
Tut euch nicht lang verweilen,
in Gottes Namen reisen!
Das Glück, das laufet immerfort
an einen andern Ort.

Ihr liebsten Eltern mein,
ich will euch dankbar sein,
die ihr mir habt gegeben
von Gott ein langes Leben,
so gebet mir gleich einer Speis'
den Segen auf die Reis'!

Der Tau vom Himmel fällt,
hell wird das Firmament.
Die Vöglein in der Höhe,

wenn sie vom Schlaf aufstehen,
da singen sie zu meiner Freud:
Lebt wohl, ihr Wandersleut!

4. Humor, der Ortsnamen betrifft

Der Volksmund sagt: „So kamen Ortsnamen zustande!"

Junge Burschen wollten sich an einem Mädchen rächen, das sie schwer beleidigt hatte, und schleppten es auf die Steinklippen. In seiner Angst fragte das Mädchen: „Ben eck en Stein?" Daher soll der Name Benneckenstein stammen.

Duderstadt: Drei Brüder sollten dem Ort einen Namen geben. Einer sagte zu den anderen: „Gib du der Stadt den Namen." Jeder wehrte sich und wiederholte: „Nein, gib du der Stadt den Namen!" Daraus blieb der Name: Duderstadt.

In einer Stadt wurde eifrig gebaut. Als endlich ein großer Bau fertig war, hieß es: Nun laßt uns eins singen! Daher soll der Name Einzingen stammen.

Drei Brüder waren Raubgrafen und sehr gefürchtet. Sie trugen meist rote Wämser. Darum sagte man: „Ik wern jü vor de Roden." Bald wurde der Ort danach genannt: Wernigerode.

5. Gedächtnistraining: Ortsnamen gesucht

Aus folgendem Schrieb der Silbensammlung werden fünf Orte zusammengesetzt, die im oder am Harz liegen.

GOS LE BURG NORD THA HAL HAU LAR HARZ BER STADT SEN

(Lösung für den Leiter: Goslar, Nordhausen, Thale, Halberstadt, Harzburg).

Wenn eine Stadt entdeckt ist, können die Silben gestrichen werden.

Die Silbensammlung müßte entweder auf Tageslichtschreiber an die Wand geworfen werden, in großer Schrift auf Tafel oder Papier erscheinen oder für jeden Teilnehmer fotokopiert werden.

6. Es begab sich in Quedlinburg

Harzer Anekdoten:

Bei einem Umzug ritt Fritze Must an einem Gasthaus vorüber, wo er eine Kleinigkeit schuldig war. Der Wirt konnte es nicht lassen, ihm zuzurufen: „Fritze, von dir stehn noch ein paar Glas Bier!“ Der stolze Reiter antwortete von oben herab: „Die kippe man weg!“

Ein angesehener Handelsherr aus Quedlinburg ließ seine Schuhe bei einem Meister anfertigen, der dieselbe Schuhgröße hatte wie der Auftraggeber. So oft ein paar Maßschuhe abgeliefert wurden, zahlte der Empfänger einen blanken Taler über den Rechnungsbetrag hinaus und schickte die Schuhe wieder zurück. Der Schuhmachermeister trug nun die Schuhe eine Woche lang, um sie auszutreten. Danach wurden sie dann endgültig geliefert.

So war das damals: In den Polizeiakten von 1808 findet sich folgende Eintragung: „Es wurde auf dem Markt bei Gärtner Bogatzki ein Korb mit frischen Kartoffeln beschlagnahmt und aufs Rathaus gebracht. Die königliche Verordnung sagt, daß niemand die Sommerkartoffeln früher als in den letzten Tagen des Juli zu Markt bringen dürfe, die Winterkartoffeln nicht vor den letzten Augusttagen.“

7. Es begab sich in Walkenried

In Walkenried befand sich einst ein Zisterzienser-Kloster. Viel Sorgen hatten die Mönche, als sie ihre Kirche bauten. Das Geld ging aus. Lange Zeit mußte der Kirchbau unvollendet bleiben. Dann geschah das Wunder. In einem Lied wird es besungen:

Da kam ein Wagen schwer von Gold
einst in den Abendstunden
mit Rossen angerollt.
Der Fuhrmann aber war verschwunden.

So berichteten es die Mönche. Die Bauarbeiten konnten fortgesetzt und bald danach vollendet werden.

Was war das aber für ein Fuhrmann? Woher kam das Gold? War es ein Engel? War es ein Zwerg? Oder war es ein reicher Goslaer Bürger, der das Gold stiften, aber unerkannt bleiben wollte und sich darum im Wald versteckte? Wir wissen es nicht.

Im Bauernkrieg (Lutherzeit) brannte die Kirche ab, die Mönche flohen vor den Bauern nach Nordhausen. Nur wenige kehrten nach Walkenried zurück.

8. Lied: Großer Gott, wir loben dich

9. Andacht

In 5. Mose 32, Vers 4 heißt es: *Er* – der lebendige Gott – *ist ein Fels.*

In unserer Zeit ist vieles unstabil geworden: das Geld, die Lebensumstände und die Erkenntnis auf allen Gebieten, sogar die Rechtschreibung. Auch wir Menschen verändern uns. Da ist das Wort: „Er ist ein Fels" ungemein beruhigend. Er ist stabil. Er ist derselbe geblieben in seiner Schöpferweisheit, in seiner Kraft, in seiner Liebe zu den Menschen. Auf ihn ist unbedingt Verlaß!

Auch sein Wort ist stabil. Ein Beispiel: Ich bin so dankbar, daß wir die zehn Gebote haben als Richtschnur für unser Leben, für unseren Alltag. Gott gab sie den Menschen vor etwa dreieinhalb Jahrtausenden, und sie gelten unverändert wie die ganze Heilige Schrift. Auch auf sie ist Verlaß.

David, der in schwere Sünde gefallen war – Ehebruch und Mord – bezeugt, nachdem ihm Gott vergeben hatte: *Er stellte meine Füße auf einen Fels* (Psalm 40,3).

Das ist ein Schritt weiter als die allgemeine Unveränderlichkeit des Felsens. Hier geht es um persönliches Erleben. David hat den Grund, der stabil ist, für sein Leben wiedergefunden. Auf diesem Grund kann er gewisse Tritte gehen, kann er das neue Lied, das Freuden- und Dankeslied singen.

Können auch Sie rühmen?

Ich habe nun den Grund gefunden,
der meinen Anker ewig hält;
woanders als in Jesu Wunden?
Da lag er vor der Zeit der Welt,
der Grund, der unbeweglich steht,
wenn Erd und Himmel untergeht.

Johann Andreas Rothe

10. So viel Schönes gibt's im Herbst

Programm:

Okt. 98

1. *Lied:* Bunt sind schon die Wälder
2. *Gespräch:* Gespräch zu Dritt
3. *Einführung ins Thema*
4. *Gedicht:* Gemäht sind die Felder
5. *Gespräch:* Erinnerungen an Herbstfreuden
6. *Gedicht:* Bunter Herbst
7. *Gedächtnistraining*
8. *Lied:* Rote Wolken am Himmel
9. *Lesung:* Bucheckern, jede Menge Bucheckern
10. *Gedicht:* Der Vögel Abschied
11. *Lied oder Gedicht:* Noch einmal eh' es herbstet
12. *Erzählung und Lied:* Im schönsten Wiesengrunde
13. *Gedicht:* Herbst
14. *Andacht*
15. *Lied:* Unsern Ausgang segne Gott

Texte zur Durchführung:

1. Lied: Bunt sind schon die Wälder

Bunt sind schon die Wälder,
gelb die Stoppelfelder,
und der Herbst beginnt.
Rote Blätter fallen,
graue Nebel wallen,
kühler weht der Wind.

Wie die volle Traube
aus dem Rebenlaube
pupurfarbig strahlt!
Am Geländer reifen
Pfirsiche, mit Streifen
rot und weiß bemalt.

Flinke Träger springen,
und die Mädchen singen,
alles jubelt froh!
Bunte Bänder schweben
zwischen hohen Reben
auf dem Hut von Stroh.

Geige tönt und Flöte
bei der Abendröte
und im Mondesglanz;
junge Winzerinnen
winken und beginnen
frohen Erntetanz.

Johann Gaudenz von Salis-Seewis

2. Gespräch zu Dritt: Herbst ist blöd!

Hans: Herbst ist blöd!
Onkel Richard: Blöd? Magst du den Herbst nicht?
Hans: Überhaupt nicht!
Onkel Richard: Und warum?

Hans: Weil man da nicht mehr ins Schwimmbad gehen kann!
Eva: Ich mag den Herbst auch nicht besonders. Wenn er nämlich kommt, ist der Sommer vorbei. Außerdem macht der Herbst alles kaputt.
Onkel Richard: Alles kaputt?
Eva: Ja! Die Blumen macht er kaputt. Die Blätter an den Bäumen fallen ab, dann sind die Bäume ganz kahl. Und richtig spielen kann man draußen auch nicht mehr wegen des Herbstwetters.
Onkel Richard: Jaaa, aber . . .! Der Herbst hat auch viel Schönes. Manchmal scheint die Sonne im Herbst ja auch noch. Oder? Und dann macht mal eure Augen auf! So bunt wie der Herbst ist keine Jahreszeit.
Eva: Kann sein. Aber . . .
Onkel Richard: Wie wäre es, wenn ich euch mal ein Stück durch die Rhön führe, daß ihr die bunte Schönheit sehen könnt?
Hans und Eva sprechen durcheinander: Mensch, das wäre prima! Einfach toll. Wann fahren wir? Heute noch?
Onkel Richard: Nun mal langsam! Heute ist es zu spät. Wenn die Sonne scheint, morgen!
Eva: Du, dann hast du sicher doch recht, daß der Herbst auch schön ist!

3. Einführung ins Thema

Ist unser Thema richtig? Es liegt auf der Hand, daß der Herbst auch viel Nebel bringt, Krankheit, depressive Stimmungen, Blättersterben, Abschied von vielen Vögeln. Das alles ist auch da, und wer verzichtet gern auf den warmen Sonnenschein? Aber heute wollen wir uns an all dem Schönen freuen, das der Herbst bringt.

4. Gedicht: Gemäht sind die Felder, der Stoppelwind weht

Gemäht sind die Felder, der Stoppelwind weht,
hoch droben in Lüften mein Drache nun steht,
die Rippen von Holze, der Leib von Papier,
zwei Ohren, ein Schwänzlein sind all seine Zier.
Und ich denk: so drauf liegen im sonnigen Strahl –
ach, wer das doch könnte, nur ein einziges Mal!

Da guck ich dem Storch in das Sommernest dort:
Guten Morgen, Frau Störchin, geht die Reise bald fort?
Ich blick in die Häuser zum Schornstein hinein:
Papachen, Mamachen, wie seid ihr so klein!
Tief unter mir seh ich Fluß, Hügel und Tal –
ach, wer das doch könnte, nur ein einziges Mal.

Und droben, gehoben auf schwindelnder Bahn,
da faß ich die Wolken, die segelnden an.
Ich laß mich besuchen von Schwalben und Krähn
und kann selbst die Lerchen, die singenden, sehn,
die Englein belausch ich im himmlischen Saal –
ach, wer das doch könnte, nur ein einziges Mal.

Viktor Blühtgen

5. Gespräch: Erinnerungen an Herbstfreuden

Wer erinnert sich an Drachensteigen, an Kartoffelfeuer und andere Herbstfreuden?

6. Gedicht: Bunter Herbst

Bauern pflügen schon die Felder,
leuchtend steht das Heidekraut.
Rötlich färben sich die Wälder.
Überall wohin man schaut,
breitet sich ein buntes Band,
der junge Herbst bemalt das Land.

Seht, er läßt es sich nicht nehmen,
es dem Sommer gleichzutun:
Dahlien und Chrysanthemen
blühen in den Gärten nun.
Wahrlich, es ist eine Pracht,
was der Herbst mit Farben macht!

Ja, das muß der Neid ihm lassen.
Doch er steckt voll Übermut,
pfeift der Wind durch alle Gassen,
so wie es kein andrer tut,
dreht mit Lust am Wolkenrad
und begießt die graue Stadt. *Angela Kramberich*

7. Gedächtnistraining

Welche Früchte reifen am Baum?
Welche Früchte reifen am Strauch?
Welche Früchte oder Gemüse wachsen am Boden oder unter der Erde?

8. Lied: Rote Wolken am Himmel

Rote Wolken am Himmel, in den Bergen der Föhn,
und ich freu mich, ja ich freu mich, ist der Morgen so schön.

Rote Rosen am Hügel, rote Beeren am Hang, und ich freu mich,
ja ich freu mich am sonnigen Tag.

Und sie sagen, der Herbst kommt und das Blatt fällt vom Baum,
und die Freude, ja die Freude vergeht wie ein Traum.

Kommt der Herbst dann und Winter, weiß ich dennoch ein Glück,
denn ein jeder neue Frühling bringt die Rosen zurück.

9. Lesung: Bucheckern, jede Menge Bucheckern!

In der Kriegszeit herrschte überall große Not. Während die Männer an der Front oder in der Gefangenschaft litten, hatten Frauen und Kinder daheim ihre Not mit der Ernährung. Es fehlte an Fett und Fleisch. Darum wurden die Menschen kraftlos und matt. Da ging die Kunde durchs Land: „In diesem Jahr gibt es sehr viele Bucheckern. Aus den Eckern kann man Öl pressen, das wir alle so dringend brauchen."

Als der Herbstwind dann die Bäume schüttelte und Eckern säte, ging es auf Bucheckernlese. Alt und jung waren dabei, sogar ganze Schulklassen mit ihren Lehrern machten mit. Die Arbeit war mühsam. Es gab schmerzende Rücken, wunde Knie und Fingerspitzen. Doch die Mühe lohnte sich. Die Ölpressen arbeiteten auf Hochtouren. Endlich konnte man wieder einmal Kartoffelpuffer essen! Welch ein Fest! Man sagte, daß es seit Jahrzehnten keine so reichliche Bucheckernernte gegeben hätte. Ein glücklicher Zufall? Viele Menschen erkannten die gute Hand Gottes dahinter: Und kann's nur ein Wunder wenden, auch ein Wunder kann Gott senden.

10. Gedicht: Der Vögel Abschied

„Wer klappert am Dach? Ihr Leute, horch, horch!"
„Ade, lieber Bauer!" so rufet der Storch.
„Nun ade denn, du Dorf und ihr fleißigen Leut,
ihr Wiesen, ihr Sümpfe, wir scheiden ja heut!
Gott segne das Hüttchen, auf dem wir gewohnt;
Herr, laß es vor Feuer und Stürmen verschont!
Wenn lauer im Frühling die Lüfte dann wehn,
dann gibt es ein fröhliches Wiedersehn.
Ade, ade!"

Vom Bache noch einmal trinkt Nachtigall schnell.
„Ade, liebe Fluren!" so singet sie hell;
„ihr habt mich erquicket mit Speise und Trank,
ich hab's euch gedanket mit schmetterndem Sang.
Nun seid ihr ermüdet, wollt schlafen auch gehn –
oh, möget im Lenze ihr wonnig erstehn!
Wir Vöglein, wir können so lange nicht warten;
Gott schirme indessen den schlummernden Garten!
Ade, ade!"

Zum Fenster noch einmal blickt's Schwälbchen hinein:
„Ade, liebe Kinder, geschieden muß sein!
Ich hatte mein Nest an dem Fenster gebaut,
ihr habet mit Freuden die Kleinen geschaut
und gern auf mein Zwitschern am Morgen gehört,
ihr habet mir niemals den Frieden gestört.

Drum möge auch euch in Freud' und Gefahren
der Himmel die liebenden Eltern bewahren!
Ade, ade!"

Rudolf Löwenstein

11. Lied oder Gedicht: Noch einmal eh' es herbstet

Noch einmal eh'es herbstet und eh' die Stürme ziehn,
im Garten welch ein Duften, im Garten welch ein Duften,
welch wunderbares Blühn, welch wunderbares Blühn!

Es ist, als ob die Blumen in tiefere Glut getaucht,
eh sie der kalte Herbstwind, eh sie der kalte Herbstwind,
zum Sterben angehaucht, zum Sterben angehaucht.

Als möchten sie ihr Leben ausströmen in dem Duft
und noch ihr alles geben, und noch ihr alles geben,
bevor der Tod sie ruft, bevor der Tod sie ruft.

Und wie ich schweigend wandre durch alle die Pracht dahin,
so sehe ich ein Gleichnis, so sehe ich ein Gleichnis,
mit einem tiefen Sinn, mit einem tiefen Sinn.

Ist nicht in Gottes Garten auch jetzt Spätsommerzeit?
Geht es nicht wie ein Ahnen, geht es nicht wie ein Ahnen,
durch alle Lande weit, durch alle Lande weit.

Als wäre bald zu Ende, das sommerliche Blühn
als hörte man von ferne, als hörte man von ferne,
die Stürme näherziehn, die Stürme näherziehn?

Ihr Blumen,duftet, duftet, ihr Rosen, blüht und glüht
dem König froh entgegen, dem König froh entgegen,
der immer näher zieht, der immer näher zieht!

Er kommt in seinen Garten, er holt sich seinen Strauß,
wir wollen sehnend warten, wir wollen sehnend warten,
dann trägt er uns nach Haus, dann trägt er uns nach Haus.

Eva von Thiele-Winckler

12. Erzählung und Lied: Im schönsten Wiesengrunde

Von der Schönheit der Natur und von Abschiedsschmerz klingt es auch in dem Lied: Im schönsten Wiesengrunde steht meiner Heimat Haus ... Der Dichter dieses Liedes, Wilhelm Ganzhorn, war Gerichtsassistent und wurde plötzlich nach Neuenbürg versetzt.

Dort fand er viel Arbeit vor. Was gab es da nicht an liegengebliebenen Prozessen über Waldfrevel und Fischdiebereien. Den ganzen Aktenberg, der unter seinem Vorgänger, dem alten und kränkelnden Rat, angewachsen war, mußte er nun herunterarbeiten. Aber er ließ sich nicht unterkriegen. Nach Feierabend erholte er sich dann und wanderte in die schönen Täler und Wälder hinaus.

Sein Abendbrot nahm er in den Bauernschenken der umliegenden Orte ein. Er ließ sich Brot und saure Milch gut schmecken. Besonders gern ging er nach Conweiler zum Rößlewirt. Dort fand er die nettesten Gesellschaftler im alten Förster und dem jungen Lehrer. Heimlich zog ihn aber auch des Rößlewirts liebreizende Tochter an.

In den Sommerferien mietete sich Ganzhorn für Wochen dort ein. Tag für Tag wanderte er ins liebliche Wiesental Richtung Feldrennach. Er legte sich ins Gras, hörte die Grillen zirpen und die Nachtigallen schlagen. In der Sonntagsfrühe machte er sich mit dem Jungfräulein Luise auf den Weg nach der Kirche von Feldrennach zum Gottesdienst.

Als die Ferientage zu Ende gingen und er in die Amtsstube in der Stadt zurückkehren mußte, wurde ihm ganz traurig zumute, und er schrieb aus dieser Abschiedsstimmung das Lied:

Im schönsten Wiesengrunde
ist meiner Heimat Haus;
da zog ich manche Stunde
ins Tal hinaus.
Dich, mein stilles Tal,
grüß' ich tausendmal!
Da zog ich manche Stunde
ins Tal hinaus.

Muß aus dem Tal jetzt scheiden,
wo alles Lust und Klang;
das ist mein herbstes Leiden,
mein letzter Gang.
Dich, mein stilles Tal,
grüß' ich tausendmal!

Das ist mein herbstes Leiden,
mein letzter Gang.

Sterb' ich, – in Tales Grunde
will ich begraben sein;
Singt mir zur letzten Stunde
beim Abendschein:
Dich, mein stilles Tal,
grüß' ich tausendmal!
Singt mir zur letzten Stunde,
beim Abendschein.

Wilhelm Christian Ganzhorn

Am Abend legte er das Buch auf den blankgescheuerten Tisch der Wirtsstube und bemerkte nicht, daß der Lehrer verstohlen darin blätterte und das Lied abschrieb. Bald lernten es die Schüler und sangen es mit Begeisterung. Von ihnen lernten es die Kinder aus den Nachbardörfern. Nach zwei Jahren war es schon in einem Liederbuch abgedruckt. Und bald gehörte es zu den liebsten Liedern unseres Volkes.

Über den Eingang des Kirchleins von Feldrennach steht in Stein eingegraben: „Durch diese Tür schritten am 18. Januar zum Traualtar der Dichter des Volksliedes Im schönsten Wiesengrunde, Wilhelm Christian Ganzhorn, und dessen jugendliche Braut Jakobine Luise Alber, Rößlewirtstochter von Conweiler."
(August Straub, aus dem Buch: Hör ich das Mühlrad gehen, gekürzt von Marie Jürgenmeyer)

13. Gedicht: Herbst

Schon ins Land der Pyramiden
flohn die Störche übers Meer;
Schwalbenflug ist längst geschieden,
auch die Lerche singt nicht mehr.

Seufzend in geheimer Klage
streift der Wind das letzte Grün;
und die süßen Sommertage
ach, sie sind dahin, dahin!

Nebel hat den Wald verschlungen,
der dein stilles Glück gesehn.
ganz in Duft und Dämmerungen
will die schöne Welt vergehn.

Nur noch einmal bricht die Sonne
unaufhaltsam durch den Duft,
und ein Strahl der alten Wonne
rieselt über Tal und Kluft.

Und es leuchten Wald und Heide,
daß man sicher glauben mag,
hinter allem Winterleide
lieg' ein ferner Frühlingstag.

Theodor Storm

14. Andacht

Das Alter wird oft bildhaft als Herbst des Lebens bezeichnet. Der Herbst bringt helle und dunkle Tage, Freude und Trauer, wie auch das Seniorenleben. Aber Jesus Christus ist alle Tage für uns Menschen da. Der Psalmsänger verspricht: „Der Herr denkt an uns und segnet uns" (Psalm 115,12). Es ist Gottes Freude, uns zu beschenken, uns sein Wohlwollen zu zeigen. In uns allen ist wohl der Wunsch wach, daß der Herbst unseres Lebens gesegnet sei.

Hermann Schenck formuliert in dem Lied: „Unsern Ausgang segne Gott", die Bitte zu dem Vater im Himmel und zu Jesus Christus so: „Segne unser Tun und Lassen."

Das Tun und das Loslassen sind zwei ganz wesentliche Aufgaben im Älterwerden. Zu diesen Aufgaben wollen wir die segnenden Hände Jesu erbitten, wie er einst die Kinder segnete.

Mir begegneten Seniorinnen, die alles Tun abwerten. Jetzt wollten sie nur noch genießen, sich bedienen lassen. Dabei waren sie unzufrieden und unfroh geworden.

Ganz gewiß sollen wir am Beginn des Rentnerdaseins uns zunächst einmal gründlich ausruhen und verwöhnen lassen, wo es möglich ist, oder uns selbst verwöhnen. Ganz wichtig ist es immer wieder, etwas Schönes einzuplanen. Aber allgemein gilt: Um die Kräfte des Leibes und des Geistes weitmöglichst zu erhalten, sollte der altgewordene Mensch noch tun, wozu er Kräfte und Gaben hat, aber in gutem Maß. Es ist hilfreich, schon vor dem Ruhestand zu überlegen, womit man sich selbst und anderen das Leben leichter machen könnte, wenn der Ruhestand eintritt. Ich erlebte, wie zwei Seniorinnen sich zusammentaten, Socken für die Mission zu stricken. Die eine strickte die Beinlängen, das konnte sie noch, die andere strickte die Füße ab Ferse, weil das schwieriger war. Dabei hatten beide richtig Spaß. Es ist möglich, kleine Freundlichkeiten zu übernehmen: Blumen gießen, wenn Nachbarn in Ferien sind, das Baby hüten, daß die Mutter einkaufen kann, die Post besorgen und, und ...

Gott gibt uns auch neue Chancen zum Tun. Eine wesentliche Aufgabe ist die Fürbitte. Vielleicht noch wichtiger als Gottes Segen zum Tun, ist sein Segen und seine Anleitung zum Loslassen. Das ist meist viel schwerer als das Wirken. Loslassen tut weh.

Im Vordergrund steht das Aufhören der gewohnten Arbeit, zu der die Kräfte nicht mehr reichen. Auch Meinungen und Ansichten gilt es aufzugeben, weil die Zeitlage so ganz anders geworden ist. „Ich verstehe die Welt nicht mehr", klagt mancher und hat recht. Darum dürfen wir Altgewordenen die Jüngeren nicht bevormunden und ändern wollen. Raten sollten wir nur, wenn wir gefragt werden. Auch Wünsche und Pläne, die seit langem gepflegt wurden, müssen losgelassen werden. Der Lebenskreis wird enger, das Leben einsamer durch Krankheit und körperliche Schwäche, auch durch das Sterben lieber Menschen.

Es ist oft schwer zu unterscheiden, was im einzelnen Fall dran ist, das Tun oder das Lassen. Eine Bekannte sagte: Ich übe mich seit etwa 20 Jahren im Tun und Lassen mit Gottes Hilfe. Es waren reiche Jahre trotz vielem Verzicht.

15. Lied: Unsern Ausgang segne Gott

Unsern Ausgang segne Gott,
unsern Eingang gleichermaßen,
segne unser täglich Brot,
segne unser Tun und Lassen,
segne uns mit selgem Sterben
und mach uns zu Himmelserben.

Hartmann Schenck

11. Sterne zur Weihnachtszeit

Programm:

1. *Ein Advents- oder Weihnachtslied*
2. *Einführung in das Thema*
3. *Gespräch:* Allerlei Sterne
4. *Lied:* Weißt du, wieviel Sternlein stehen
5. *Lesung:* Der Weihnachtsstern
6. *Eine Überraschung:* Ein Stern wird hergestellt
7. *Mehrere Advents- und Weihnachtslieder*
8. *Lesung:* Die Sterntaler
9. *Lied oder Lesung:* Der Morgenstern ist aufgedrungen
10. *Andacht:* Jesus, der helle Morgenstern
11. *Lied:* Auf, Seele, auf und säume nicht
12. *Vorschlag*

Texte zur Durchführung:

1. Ein Advents- und Weihnachtslied

2. Einführung in das Thema

Es gibt in der Weihnachtszeit viele Sitten und Gebräuche, die aus dem heimatlichen Brauchtum stammen, z. B. die Weihnachtsplätzchen. Andere Bräuche weisen hin auf den eigentlichen Sinn des Weihnachtsfestes. Da sind die vielen Weihnachtsgeschenke, sie wollen Freude vermitteln, auch an dem entscheidenden Geschenk, an dem Kind in der Krippe.

Darum singen wir:

„Du bist die schönste aller Gaben, du liebes, holdes Jesuskind ...“

Zu den sichtbaren, greifbaren Symbolen gehören die vielen verschiedenen Sterne. Sie weisen auf Jesus, der sagt: „Ich bin der helle Morgenstern!“

Heute wollen wir uns mit Sternen beschäftigen und uns an ihnen erfreuen.

3. Gespräch: Allerlei Sterne

Aus welchem Material werden Sterne hergestellt? (Stroh, Glas usw.)
Wie werden sie hergestellt? (gefaltet, gebacken usw.)

4. Lied: Weißt du, wie viel Sterne stehen

Weißt du, wie viel Sterne stehen
an dem blauen Himmelszelt?
Weißt du, wie viel Wolken gehen
weithin über alle Welt?
Gott der Herr hat sie gezählet,
daß ihm auch nicht eines fehlet
an der ganzen großen Zahl.

Weißt du, wie viel Mücklein spielen
in der heißen Sonnenglut?
Wie viel Fischlein auch sich kühlen
in der hellen Wasserflut?
Gott der Herr rief sie mit Namen,
daß sie all ins Leben kamen,
daß sie nun so fröhlich sind.

Weißt du, wie viel Kinder frühe
stehn aus ihren Bettlein auf,
daß sie ohne Sorg' und Mühe
fröhlich sind im Tageslauf?
Gott im Himmel hat an allen
seine Lust, sein Wohlgefallen,
kennt auch dich und hat dich lieb.

Wilhelm Hey

5. Lesung: Der Weihnachtsstern

Meine 93 Jahre alte Tante Elisabeth lag jahrelang im Hospital. Als das Weihnachtsfest herannahte, bat mich meine Cousine aus Tübingen, ich möchte doch der Patientin einen schönen großen Weihnachtsstern besorgen. Mir kam dieses Geschenk für die künstlerisch begabte Tante recht passend vor, und ich fing gleich an, die in Frage kommenden Geschäfte aufzusuchen: Kunstgewerbeläden, Kaufhäuser, Papiergeschäfte. Nirgends fand ich das Passende – alles schon ausverkauft. Schließlich fuhr ich ins „KaDeWe", das größte Berliner Warenhaus, und dort fand ich einen teuren, aber wunderschönen bunten Weihnachtsstern, eigentlich für die Spitze eines Christbaums bestimmt. Ich befestigte ihn an einem Bambusstab und dann am Schrank in Tante Elisabeths Zimmer. Er hing genau in ihrem Blickfeld. Die kahlen Wände durften ja leider nicht mit Bildern geschmückt werden.

Am Heiligen Abend sagte Tante Elisabeth: „Heute vormittag schien die Sonne gerade auf den Stern – das war ein Glitzern und Leuchten, ganz herrlich!" Ich freute mich über meinen guten Einkauf und las dann all die vielen Briefe und Karten, die Tante Elisabeth bekommen hatte. Meine Tübinger Cousine schrieb: „Ich habe Ursel gebeten, Dir einen Weihnachtsstern zu besorgen; hoffentlich hat sie eine schöne Pflanze bekommen ..."

Entsetzt rief ich: „Einen Blumentopf? Eine Topfpflanze? Na, einen solchen Weihnachtsstern hätte ich einfacher haben können! Was machen wir denn nun?"

Die liebe Tante lachte sehr und meinte dann: „Macht doch nichts, Ursel! Dein Stern ist etwas Besonderes. Er hat mir schon so viel Freude gemacht. Und begießen muß man ihn auch nicht!"

Als ich am Christfest ins Zimmer trat, sah ich sofort am Fenster den Blumentopf. Ein großer roter Weihnachtsstern strahlte mir entgegen. Tante Elisabeth strahlte auch: „Den habe ich heute geschenkt bekommen. Siehst du, nun habe ich zwei ganz verschiedenartige Weihnachtssterne. Und jeder ist in seiner Art wunderbar. Manchmal hat ein Irrtum auch sein Gutes – nicht wahr?"

Ursula Babick

6. Eine Überraschung: Ein Stern wird hergestellt

Bei der Einladung hatten wir gebeten, ein Küchen- bzw. Taschenmesser mitzubringen. Es werden Mandarinen besorgt, mindestens für jeden Teilnehmer eine. Diese werden vom Stiel nach gegenüber eingeritzt und die Schale vorsichtig abgelöst, so daß ein Stern entsteht. Die Frucht wird verzehrt.

7. Mehrere Advents- und Weihnachtslieder

8. Lesung: Die Sterntaler

Vorspann: Märchen entstanden im Volk und erinnern uns an vergangene Zeiten, an Kindertage. Sie wecken Sehnsucht nach dem Guten und Schönen. Über Märchen nachzudenken, bereichert nicht nur das Gemüt der Kinder, sondern auch der Erwachsenen und Senioren.

Es war einmal ein kleines Mädchen, dem war Vater und Mutter gestorben, und es war so arm, daß es kein Kämmerchen mehr hatte, darinnen zu wohnen, und kein Bettchen mehr, darin zu schlafen, und endlich gar nichts mehr als die Kleider auf dem Leib und ein Stückchen Brot in der

Hand, daß ihm ein mitleidiges Herz geschenkt hatte. Es war aber gut und fromm.

Und weil es so von der Welt verlassen war, ging es im Vertrauen auf den lieben Gott hinaus ins Feld. Da begegnete ihm ein Mann, der sprach: „Ach, gib mir etwas zu essen, ich bin so hungrig."

Das kleine Mädchen reichte ihm das ganze Stück Brot und sagte: „Gott segne dir's", und ging weiter.

Da kam ein Kind, das jammerte und sprach: „Es friert mich so an meinem Kopfe, schenk mir etwas, womit ich mich bedecken kann." Und als es noch so eine Weile gegangen war, kam wieder ein Kind und hatte kein Leibchen an und fror; da gab es ihm seins: und noch weiter bat eins um ein Röcklein, das gab es auch von sich hin.

Endlich gelangte es in einen Wald, und es war schon dunkel geworden. Da kam noch eins und bat um ein Hemdlein, und das fromme Mädchen dachte: „Es ist dunkle Nacht, da sieht dich niemand, du kannst wohl dein Hemd weggeben", und zog sein Hemd aus und gab es auch noch hin. Und wie es so dastand und gar nichts mehr hatte, fielen auf einmal Sterne vom Himmel und wurden lauter harte, blanke Taler. Und ob es wohl sein Hemd weggegeben, so hatte es ein neues an, und das war von allerfeinstem Linnen. Da sammelte es sich die Taler hinein und war reich für sein Lebtag.

Gebrüder Grimm

9. Lied oder Lesung: Der Morgenstern ist aufgedrungen

Der Morgenstern ist aufgedrungen,
er leucht' daher zu dieser Stunde
hoch über Berg und tiefe Tal,
vor Freud singt uns der lieben Engel Schar.

Christus im Himmel wohl bedachte,
wie er uns reich und selig machte
und wieder brächt ins Paradies,
darum er Gottes Himmel gar verließ.

O heilger Morgenstern, wir preisen
dich heute hoch mit frohen Weisen;
du leuchtest vielen nah und fern
so leucht auch uns, Herr Christ, du Morgenstern!

Daniel Rumpius

10. Andacht: Jesus, der helle Morgenstern

Auf der Wüstenwanderung ist Israel in großer Gefahr. Der Moabiterkönig Balak will das Volk Israel um jeden Preis vernichten, darum hat er den Propheten Bileam vom fernen Euphrat geholt. Er soll das Volk Israel verfluchen. Unter Schwierigkeiten kommt der Prophet an, aber als Bileam von der Höhe aus Israel im Tal liegen sieht, da kann er ihm nicht fluchen, statt dessen segnet er Israel.

König Balak ist entsetzt. Er versucht es von einem andern Ort und sogar ein drittes Mal. Umsonst! Bileam segnet. Balak ist wütend, schickt Bileam heim. Ehe er aber geht, verkündet er die Weissagung: „Es wird ein Stern aus Jakob aufgehen und ein Zepter aus Israel aufkommen" (4. Mose 24,17). Dieser verheißene Stern ist Jesus Christus. Von da ab wird die Verheißung vom Stern aus Jakob durch Jahrhunderte wachgehalten.

Kurz vor Jesu Geburt rühmt Zacharias das Kommen Jesu als den Aufgang aus der Höhe. Zu dieser Zeit entdecken kluge Astronomen – wir nennen sie Weise aus dem Morgenland – am Himmel einen neuen, sehr hellen Stern. Heute haben die Wissenschaftler festgestellt, daß die zwei Planeten Jupiter und Saturn zur Zeit von Jesu Geburt auf denselben Längenkreis getreten seien und darum von der Erde aus gesehen wie *ein* Stern wirkten.

Die Weisen begreifen, daß etwas ganz Wichtiges in Israel geschehen sein muß. Es wird sich um einen neugeborenen König handeln. Das treibt sie so sehr um, daß sie sich aufmachen, um ihn zu sehen. Der Stern wird ihr Wegweiser. So kommen sie ins Land Israel.

Nach einem Umweg über das Königshaus, führt der Stern sie erneut und steht über dem Stall von Bethlehem still. Große Freude erfüllt die Weisen!

Staunend beten sie das Kind in der Krippe an. Sie haben den gefunden, der später von sich sagt: „Ich bin der helle Morgenstern."

Nachdem er für uns starb und auferstand, sitzt er zur Rechten Gottes des Vaters und regiert. Wie unser Morgenstern, die Venus, am Himmel den neuen Tag ankündet, so bringt Jesus in unsere Zeit Helligkeit und neues Leben denen, die ihn lieben.

Zu seiner Stunde wird er wiederkommen in großer Kraft und Herrlichkeit zur Vollendung des Heils. Dann wird ein neuer Himmel und eine neue Erde sein, und kein Leid und kein Geschrei, noch Schmerz wird mehr sein. So können die vielen Sterne in der Weihnachtszeit für uns Zeichen der Freude und der Hoffnung sein.

11. *Lied: Auf, Seele, auf und säume nicht*

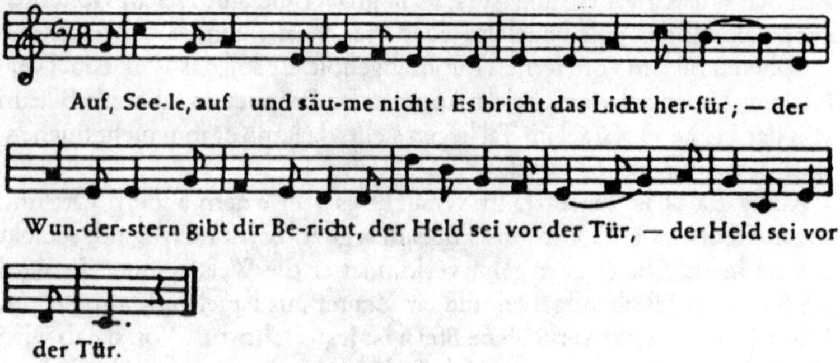

Gib acht auf diesen hellen Schein,
der dir aufgegangen ist;
er führet dich zum Kindelein,
das heißet Jesus Christ!

Drum mache dich behende auf,
befreit von aller Last,
und laß nicht ab von deinem Lauf,
bis du dies Kindlein hast!
Halt dich im Glauben an das Wort,
das fest ist und gewiß;
das führet dich zum Lichte fort
aus aller Finsternis.

Hier fallen alle Sorgen hin,
zur Lust wird alle Pein;
es wird erfreuet Herz und Sinn
in diesem Jesulein.

Der zeigt dir einen andern Weg,
als du vorher erkannt,
den stillen Ruh- und Friedenssteg
zum ewgen Vaterland.

Michael Müller

12. Vorschlag

Zum Abschluß kann man jedem Teilnehmer einen gebastelten Stern mit einer Verheißung schenken.

12. Unsere Muttersprache

Programm:

1. *Lied:* An der Saale hellem Strande
2. *Kurzreferat:* Das Geschenk der Sprache
3. *Gedicht:* Muttersprache, Mutterlaut
4. *Hinweise des Leiters*
5. *Redewendungen mit Stabreim*
6. *Ausdrücke mit einfachem Reim*
7. *Zungenbrecher*
8. *Bildhafte Aussagen*
9. *Kanon:* Froh zu sein, bedarf es wenig
10. *Leiter:* Sprachschwierigkeiten
11. *Lesung:* Das schwierige „Mir und Mich“
12. *Leiter:* Das Plattdeutsch
13. *Gedicht:* Gode Nacht
14. *Gespräch:* Bekannte Dialekte oder Aussprüche in Plattdeutsch
15. *Gedicht:* Lütt Matten, de Has
16. *Sprichwörter*
17. *Fremdwörter*
18. *Lied:* Kein schöner Land
19. *Andacht*
20. *Bekenntnis*

Texte zur Durchführung:

1. Lied: An der Saale hellem Strande

An der Saale hellem Strande
stehen Burgen stolz und kühn;
ihre Dächer sind verfallen,
und der Wind streicht durch die Hallen,
Wolken ziehen drüber hin.

Zwar die Ritter sind verschwunden,
nimmer klingen Speer und Schild:
Doch dem Wandersmann erscheinen
in den altbemoosten Steinen
oft Gestalten zart und mild.

Droben winken schöne Augen,
freundlich lacht manch roter Mund:
Wandrer schaut wohl in die Ferne,
schaut in holde Augensterne,
Herz ist heiter und gesund.

Und der Wandrer zieht von dannen,
denn die Trennungsstunde ruft;
und er singet Abschiedslieder,
Lebewohl tönt ihm hernieder,
Tücher wehen in der Luft.

W. Ganzhorn

2. Kurzreferat: Das Geschenk der Sprache

Die Sprache hat in Gottes Plan mit den Menschen einen sehr hohen Stellenwert, viel höher als wir weithin annehmen. Durch Gottes Wort entstand die Schöpfung, nicht durch sein Wirken. „Gott sprach", heißt es wiederholt im Schöpfungsbericht. Im Paradies sprach Gott mit den Menschen, und die Menschen sprachen mit Gott und untereinander. Gott ließ den Menschen auch die Sprache, als er ihnen das Paradies nahm.

Darum lohnt es sich, über die gute Gabe Gottes nachzudenken, unsere Muttersprache. Es ist bezeichnend, daß wir vom Vaterland sprechen und von der Muttersprache. Die Mutter ist fast immer die Erste, die mit dem

Baby spricht. Weil aber jede Umgangssprache in Bewegung ist, sich verändert, ist es wichtig, daß wir unsere Sprache beachten und pflegen und ungenaue und häßliche Ausdrücke meiden.

Heute wollen wir einige besondere Schönheiten und Eigenarten unserer Muttersprache bedenken und uns darüber freuen.

3. Gedicht: Muttersprache, Mutterlaut

Muttersprache, Mutterlaut,
wie so wonnesam, so traut!
Erstes Wort, das mir erschallet,
süßes erstes Liebeswort,
erster Ton, den ich gelallet,
klingest ewig in mir fort.

Ach wie trüb ist meinem Sinn,
wenn ich in der Fremde bin,
wenn ich fremde Zungen übe,
fremde Worte brauchen muß,
die ich nimmermehr kann lieben,
die nicht klingen wie ein Gruß!

Sprache schön und wunderbar,
ach wie klingest du so klar!
Will noch tiefer mich vertiefen
in den Reichtum, in die Pracht;
ist mir's doch, als wenn mich riefen
Väter aus der Grabesnacht.

Klinge, klinge fort und fort,
Heldensprache, Liebeswort!
Steig empor aus tiefen Grüften,
längst verschollnes, altes Lied,
leb aufs neu in alten Schriften,
daß dir jedes Herz erglüht!

Überall weht Gottes Hauch,
heilig ist wohl mancher Brauch,
aber soll ich beten, danken,
geb ich meine Liebe kund,
meine seligsten Gedanken,
sprech ich wie der Muttermund.

Max von Schenkendorf

4. Hinweise des Leiters

Dichter und Denker haben uns große Schätze in unserer deutschen Sprache hinterlassen. In Gedichten und Liedern ist uns der Rhythmus und der Reim bekannt und geschätzt neben dem Inhalt. Aus der germanischen Dichtung ist uns der Stabreim überliefert, d. h. die ersten Buchstaben der Worte oder Verse gleichen einander.

5. Redewendungen mit Stabreim

Mit Feuer und ? (Flamme)
In Feld und ? (Flur)
Auf Biegen und ? (Brechen)
In Küche und ? (Keller)
Mit Haut und ? (Haaren)
In Haus und ? (Hof)
Mit Mann und ? (Maus)
Ohne Rast und ? (Ruh)
Über Stock und ? (Stein)
Bei Wind und ? (Wetter)

6. Ausdrücke mit einfachem Reim

Mit Ach und ? (Krach)
Mit Dreck und ? (Speck)
In Saus und ? (Braus)
Auf Schritt und ? (Tritt)
Über Weg und ? (Steg)
Mit Sang und ? (Klang)
Auf Knall und ? (Fall)
Außer Rand und ? (Band)
Unter Dach und ? (Fach)

7. Wir üben zwei Zungenbrecher

Wir Wiedenbrücker Waschweiber waschen weiße Wäsche.
Zwischen zwei Zweigen zwitschern zwei Schwalben.
Wer kann das Schnellsprechen am besten?

8. Bildhafte Aussagen

Erklären Sie bitte die Bedeutung! Sie sind eine besondere Eigenart unserer deutschen Sprache:
Kastanien aus dem Feuer holen.
Viel Wind um nichts.
Das ist Wasser auf seine Mühle.
In den sauren Apfel beißen.
Mit Speck fängt man Mäuse.
Die Katze läßt das Mausen nicht.
Der hat viel Tauben auf dem Dach.
Man muß die Suppe auslöffeln, die man sich eingebrockt hat.
Es regnet Bindfäden.
Es ist alles in Butter.
Durch den Kakao ziehen.
Nägel mit Köpfen machen.
Kraut und Rüben durcheinander.
Wie ein Blitz aus heiterem Himmel.

9. Kanon

Froh zu sein bedarf es wenig,
und wer froh ist, ist ein König.

10. Leiter: Sprachschwierigkeiten

Durch sehr verschiedene Dialekte gibt es in der Umgangssprache manche Not. Da ist der Berliner Dialekt, der sächsische und andere. Die Bewohner des Ruhrgebiets verwechselten das Mir und Mich. Ein Slogan: „Das Mir und Mich verwechsel ich nicht, das kommt bei mir nicht vor."

11. Lesung: Das schwierige „Mir und Mich“:

Die Wirtschafterin auf dem Gutshof war tüchtig und fleißig. Aber sie konnte den dritten und vierten Fall nicht unterscheiden. Sie rief: „Hol dich mal die Milch“ oder: „Bring mich mal den Besen“. Die Kinder und wir Spielkameraden lachten oft darüber. Dann brachten wir ihr bei, sie müsse auch ab und an mal „mir“ und „dir“ sagen. Aber leider wurde es dadurch noch schlimmer. Das „Mir“ und „Dir“ kam genau an die falsche Stelle. „Ich freue mir, daß du dich ein schönes Kleid gekauft hast“, sagte sie. Was tun? Wir Kinder gaben auf: „Fräulein“, so redeten wir sie an, „sprechen Sie, wie Sie wollen. Zuerst war es besser.“ War wirklich Hopfen und Malz verloren?

12. Leiter: Das Plattdeutsch

Neben unserer hochdeutschen Sprache gibt es noch das Plattdeutsch oder Niederdeutsch, das auch wieder gepflegt wird.

Bekannt ist der niederdeutsche Dichter Fritz Reuter durch Gedichte und Erzählungen, z. B. „Ut mine Stromtid“.

Auch Theodor Storm schrieb einige Plattdeutsche Sachen. Unter anderem das Abendgedicht: „Gode Nacht“.

13. Gedicht: Gode Nacht

Över de stillen Straten
geit klar de Klokkenslag;
god Nacht! Din Hart will slapen,
und morgen ist ok en Dag.

Din Kind liggt in de Weegen,
un ik bün ok bi di;
din Sorgen un din Leven
is allens um un bi.

Noch eenmal lat uns spräken:
Goden Abend, gode Nacht!
De Maand schient op de Däken.
Uns' Herrgott hölt de Wacht.

Theodor Storm

14. Gespräch: Bekannte Dialekte oder Aussprüche in Plattdeutsch

Bitte zusammentragen, welche Dialekte und plattdeutsche Redensarten oder Gedichte bekannt sind.

15. Gedicht: Lütt Matten, de Has

Lütt Matten, de Has,
de mak sik en Spaß,
he weer bi't Studeern,
dat Danzen to lehrn,
un danz ganz alleen
op de achtersten Been.

Keem Reinke de Foß
un dach: das en Kost!
Un seggt: „Lüttje Matten,
so flink oppe Padden?
Un danzst hier alleen
op de achtersten Been?

Kumm, lat uns tosam!
Ik kann as de Dam!
De Kraih de spelt Fiedel,
denn geit dat canditel,
denn geit dat mal schön
op de achtersten Been!"

Lütt Matten gev Pot.
De Voß beet em dot
un sett sik in Schatten,
verspies de lütt Matten:
De Kraih de kreeg een
vun de achtersten Been.

Klaus Groth

16. Sprichwörter

Unsere Deutsche Sprache hat auch ungezählte Sprichwörter, die sehr beachtenswert sind. Sie können ihrer großen Zahl und ihres Wertes wegen hier leider nur erwähnt werden und könnten eine ganze Stunde füllen.

17. Fremdwörter

Und die Fremdwörter? Bitte nur anschneiden, wenn genügend Zeit ist! In der übergreifenden Wirtschaft und den ganzen Weltverbindungen kommt man ohne Fremdsprachen nicht mehr aus.

Manche Mitbürger meinen, die Fremdwörter nähmen überhand. Meine persönliche Haltung ist: Ich will die gebräuchlichsten kennen und verstehen, aber ich gebrauche sie nur, wenn es zur Verständigung unumgänglich ist.

18. Lied: Kein schöner Land

Kein schöner Land in dieser Zeit,
als hier das unsere weit und breit,
wo wir uns finden
wohl unter Linden
zur Abendzeit.

Da haben wir so manche Stund'
gesessen da in froher Rund'
und taten singen;
die Lieder klingen
im Eichengrund.

Daß wir uns hier in diesem Tal
noch treffen so viel hundertmal,
Gott mag es schenken,
Gott mag es lenken,
er hat die Gnad'.

Nun, Brüder, eine gute Nacht,
der Herr im hohen Himmel wacht!
In seiner Güte
uns zu behüten,
ist er bedacht. *A. W. v. Zuccalmoglio*

19. Andacht: Unser Gespräch mit Gott

Die Sprache ist nicht nur wichtig im Umgang mit Menschen. Noch wichtiger ist sie im Verhältnis zu dem lebendigen Gott. Immer neu staune ich darüber, daß der Herr des Himmels und der Erde uns Menschenkindern erlaubt, mit ihm zu sprechen, zu ihm zu beten. Während meines Konfirmandenunterrichts vor über siebzig Jahren stellte sich die Frage: Was ist ein Gebet? Die Antwort war: Das Gebet ist ein Gespräch eines gläubigen Herzens mit Gott. Diese Antwort war mir ein ganzes Leben lang wichtig und hilfreich.

Ist das Gebet ein Gespräch? Ja, ein Gespräch mit dem Vater im Himmel oder mit Jesus Christus. Beide Adressen sind gut.

Jesus selbst fordert uns auf: Bittet, so wird euch gegeben (Matthäus 7,7). Es ist ein großes Geschenk, daß wir bitten dürfen, bitten um große Dinge, etwa das heutige Weltgeschehen betreffend, und um Hilfe in Krankheit und Todesnot.

Aber es freut mich sehr, daß ich auch um ganz geringe Dinge bitten darf, daß ich das passende Garn bekomme, im Gespräch die rechte Antwort weiß und, und ...

Zum Bitten gehört auch das Danken. Im Gespräch mit Gott will es geübt sein, denn Danken ist nicht leicht. Das beobachten wir schon bei den Babys. „Ham, ham!“ stammeln sie bald. Das braucht die Mutter ihnen nicht mühsam beizubringen. Und das Danken? Das zu lernen, kostet Mühe. Meine Mutter mußte mich mahnen, für die Konfirmationsgeschenke zu danken. Ich muß gestehen, daß ich heute noch viel zu wenig danke für erhörte Gebete. Aber ich übe weiter. Dazu helfen mir Danklieder.

Aber das Gebet als Gespräch umfaßt noch mehr als Bitte und Dank. Gespräch bedeutet: Mitteilen. Gespräch ist Austausch. Sicherlich weiß der Herr Jesus ohnehin alle Dinge. Trotzdem ist es ihm eine Freude, wenn wir mit ihm unsere Erlebnisse besprechen, unser Herz vor ihm ausschütten.

Sie fragen vielleicht: „Aber ich vernehme Gottes Stimme doch nicht akustisch?“ Nein. Akustisch in den seltensten Fällen. Aber er antwortet durch das Wort Gottes, das der Heilige Geist uns erklärt. Wenn wir beim Bibellesen still nachsinnen, erfahren wir, wie Gott durch das Bibelwort in unsere persönliche Lage hineinspricht und uns rät oder tröstet oder mahnt.

Hans Brandenburg schreibt: Im Wort Gottes erfährt der Mensch die Seligkeit der Gemeinschaft mit dem redenden Gott.

20. Bekenntnis

Bekenntnis und Lebenserfahrung mit Jesus Christus:

Ich sag' ihm meinen Kummer,
ich sag' ihm all mein Glück,
ich sag' ihm, was mich vorwärtsbringt
und was mich hält zurück.
Er sagt mir, was ich lassen soll,
und was da gut für mich,
so reden wir zusammen,
mein Herr und ich.

13. Erntedank – Unser täglich Brot

Programm:

1. *Lied:* Wir pflügen und wir streuen
2. *Hinführung*
3. *Gedicht:* Es wächst viel Brot
4. *Eine Fabel*
5. *Gedicht:* Der Bauer und sein Sohn / ergänzende Leiterworte
6. *Gedicht:* Schön war's im Ährenfeld
7. *Gespräch:* Ernte einbringen, Dreschen, Mahlen und Backen
8. *Leiter:* Ergänzende Worte
8. *Gedächtnistraining*
9. *Gedicht:* Das große Brot
10. *Lied:* Meinem Gott gehört die Welt
11. *Das europäische Brotmuseum in Mollenfelde*
12. *Gedicht:* Brot, wo kommst du her?
13. *Die vierte Bitte des Vaterunsers mit Luthers Erklärung*
14. *Lesung:* Erntedankfest auf dem Bauernhof
15. *Gedicht:* Kein Tierlein ist auf Erden
16. *Lied:* Danket dem Herrn
17. *Kurzandacht und Gebet*

Texte zur Durchführung:

1. Lied: Wir pflügen und wir streuen!

Wir pflügen und wir streuen, den Samen auf das Land,
doch Wachstum und Gedeihen steht in des Himmels Hand:
der tut mit leisem Wehen sich mild und heimlich auf
und träuft, wenn heim wir gehen, Wuchs und Gedeihen auf.

Alle gute Gabe kommt her von Gott dem Herrn,
drum dankt ihm, dankt, drum dankt ihm,
dankt und hofft auf ihn!

Er sendet Tau und Regen und Sonn- und Mondenschein,
er wickelt seinen Segen gar zart und künstlich ein,
und bringt ihn dann behende in unser Feld und Brot:
es geht durch unsere Hände, kommt aber her von Gott.

Alle gute Gabe kommt her von Gott dem Herrn,
drum dankt ihm, dankt, drum dankt ihm,
dankt und hofft auf ihn!

Was nah ist und was ferne, von Gott kommt alles her,
der Strohhalm und die Sterne, der Sperling und das Meer.
Von ihm sind Büsch und Blätter und Korn und Obst von ihm,
das schöne Frühlingswetter und Schnee und Ungestüm

Alle gute Gabe kommt her von Gott dem Herrn,
drum dankt ihm, dankt, drum dankt ihm,
dankt und hofft auf ihn!

Er läßt die Sonne aufgehen, er stellt des Mondes Lauf;
er läßt die Winde wehen und tut den Himmel auf.
Er schenkt uns so viel Freude, er macht uns frisch und rot;
er gibt den Kühen Weide und unsern Kindern Brot.

Alle gute Gabe kommt her von Gott dem Herrn,
drum dankt ihm, dankt, drum dankt ihm,
dankt und hofft auf ihn!

Matthias Claudius

2. Hinführung

Am Erntedankfest freuen wir uns an vielen Erntegaben, an Obst und Blumen, Kartoffeln und Gemüse, an Korn und Brot.
Wir wollen uns heute auf die Gabe des Brotes beschränken.
In drei Teilen betrachten wir:

1. das Wachsen und Gedeihen
2. das Ernten und Verarbeiten
3. unseren Erntedank.

3. Gedicht: Es wächst viel Brot

Es wächst viel Brot in der Winternacht,
weil unter dem Schnee frisch grünet die Saat;
erst wenn im Lenze die Sonne lacht, spürst du,
was Gutes der Winter tat.

Und deucht die Welt dir öd und leer,
und sind die Tage dir rauh und schwer,
sei still und habe des Wandels acht:
es wächst viel Brot in der Winternacht.

F. W. Weber

X *4. Eine Fabel von Äsop*

In der Strenge des Winters kam eine Grille zur Nachbarin, der Ameise. „Gebt mir doch", sagte sie, „von dem Vorrat, den ihr eingeheimst habt, ich bin hungrig und habe nichts zu essen."

„Hast du denn keine Speise für den Winter eingesammelt?" fragte die Ameise.

„Dazu hatte ich keine Zeit", erwiderte die Grille.

„Keine Zeit!" rief die Ameise verwundert aus. „Was hast du denn im Sommer getan?"

„Nun, ich habe fleißig musiziert", antwortete die Grille.

„Ei", sagte die Ameise, „da du im Sommer musiziert hast, so magst du nun im Winter tanzen. Wer nicht arbeitet, soll auch nicht essen."

Leiter: In dieser Fabel wird klar: Ohne Fleiß, kein Preis. Wer ernten will, muß säen. Und Bauernarbeit ist schwere Arbeit, auch heute noch, trotz der vielen Maschinen.

X

5. Gedicht: Der Bauer und sein Sohn

Der Bauer steht vor seinem Feld'
und zieht die Stirne kraus in Falten:
„Ich hab den Acker wohl bestellt,
auf reine Aussaat streng gehalten,
nun seh mir eins das Unkraut an!
Das hat der böse Feind getan."

Da kommt sein Knabe hoch beglückt,
mit bunten Blüten reich beladen;
im Felde hat er sie gepflückt,
Kornblumen sind es, Mohn und Raden.
Er jauchzt: „Sieh, Vater, nur die Pracht!
Die hat der liebe Gott gemacht!"

Julius Storm

Leiter: Das Säen und Reifen bringt Freuden und Kümmernisse. Zur Freude gehörten auch die Sonntagsspaziergänge mit den Eltern durch die reifenden Felder.

6. Gedicht: Schön war's im Ährenfeld

Ein Leben war's im Ährenfeld,
wie sonst wohl nirgends auf der Welt,
Musik und Kirmes weit und breit
und lauter Lust und Fröhlichkeit.

Die Grillen zirpten früh am Tag
und luden ein zum Zechgelag:
„Hier ist es gut, herein, herein!
Hier schenkt man Tau und Blütenwein."

Der Käfer kam mit seiner Frau,
trank hier ein Mäßlein kühlen Tau,
und wo nur winkt ein Blümelein,
da kehrte gleich ein Bienchen ein.

Den Fliegen war die Zeit nicht lang,
sie summten, machten frohen Sang,
die Mücken tanzten ihre Reihn
wohl auf und ab im Sonnenschein.

Das war ein Leben ringsumher,
als ob es ewig Kirmes wär.
Die Gäste zogen aus und ein
und ließen sich's gar wohl dort sein.

Wie aber geht es in der Welt?
Heut ist gemäht das Ährenfeld,
zerstöret ist das schöne Haus,
und hin ist Kirmes, Tanz und Schmaus.

Heinrich Hoffmann von Fallersleben

Leiter: Nach dem Reifen folgt die Ernte. Wer von Ihnen hat in der Kornernte geholfen? Bitte, erzählen Sie uns davon.

7. Gespräch

1. Kornernte

2. Dreschen, denn das mußte per Dreschmaschine oder Dreschflegel geschehen.

3. Mahlen und Backen

Leiter: Das Korn wurde dann zur Mühle gebracht, gemahlen und daheim zu Brot, Brezeln oder Kuchen verbacken. Wer hat noch selbst Brot gebacken oder im Backhaus zugeschaut?

8. Gedächtnistraining

Das Wort Brot wird in großen Buchstaben, allen sichtbar angebracht: „B R O T". Dann sucht die Gruppe zu den einzelnen Buchstaben Eßbares Und Trinkbares zum Beispiel:
B = Blechkuchen, Birnen, Bratwurst ...
R = Rosinen, Rehbraten, Rotwein ...
O = ?
T = ?
Mindestens je fünf Sachen.

9. Gedicht: Das große Brot

Vom Bäcker kommt ein Brot ins Haus,
ein Brot, das ist so groß!
Die Mutter, die sieht fröhlich aus
und schneidet frisch drauflos.

Die Kinder stehn all um sie her,
und jedes möcht sein Teil.
Wenn ein's gefragt wird: „Willst noch mehr?"
Dann sagt es: „Ja" in Eil'.

Die Mutter hat nicht wenig Müh:
Sie schneidet Stück auf Stück.
Am Ende aber bleibt für sie
ein Käntlein noch zurück.

Die Mutter spricht: „Laßt froh uns sein,
daß wir nicht leiden Not!
Wo soviel Mündlein sind,
wie klein wird rasch ein großes Brot!

Geb' Gott, daß überall wie hier,
es reicht bis alle satt,
daß jede Mutter auch, gleich mir,
zuletzt ein Käntlein hat.

Joh. Trojan

10. Lied: Meinem Gott gehört die Welt

Meinem Gott gehört die Welt,
meinem Gott das Himmelszelt,
ihm gehört der Raum, die Zeit,
sein ist auch die Ewigkeit.

Und sein eigen bin auch ich.
Gottes Hände halten mich
gleich dem Sternlein in der Bahn;
keins fällt je aus Gottes Plan.

Wo ich bin, hält Gott die Wacht,
führt und schirmt mich Tag und Nacht;
über Bitten und Verstehn
muß sein Wille mir geschehn.

Täglich gibt er mir das Brot,
täglich hilft er in der Not,
täglich schenkt er seine Huld
und vergibt mir meine Schuld.

Lieber Gott, du bist so groß,
und ich lieg in deinem Schoß
wie im Mutterschoß ein Kind;
Liebe deckt und birgt mich lind.

Leb ich, Gott, bist du bei mir,
sterb ich, bleib ich auch bei dir,
und im Leben und im Tod
bin ich dein, du lieber Gott!

Arno Pötzsch

11. Das europäische Brotmuseum in Mollenfelde (bei Hedemünden in Hessen)

Das Brotmuseum wurde 1951 eröffnet. Damit war eine Stätte geschaffen worden, um die uralte Kultur und Tradition des Brotes und des Brotbakkens zu pflegen. Gründer dieses Museums ist der Bäckerei-Historiker Otto A. Kunkel, ein gebürtiger Berliner.

Unter hohem persönlichen Einsatz und Opfern hat er diese große Sammlung zusammengetragen. Man merkt, wie die Ausstellung mit großem Sachwissen, fachlichem Können und viel Liebe erstellt wurde.

Mollenfelde liegt in der „Göttinger Schweiz". Dem Museum steht ein weites Gelände zur Verfügung mit einer alten Windmühle und einer Tiroler Wassermühle (erbaut um das Jahr 1600), sowie mit historischem Brotwagen und Wagenschuppen.

Eine Sackausklopfmaschine ist zu sehen und viele handwerkliche Geräte aus alter Zeit. Ein umfassendes Dokumentationsmaterial ist zum Einsehen vorhanden.

Auch die bildende Kunst hat ihren Platz. Kupferstiche und Gemälde aus der Landwirtschaft, Müllerei und Bäckerei sind zu sehen. Viele verschiedene Brotsorten zum sofortigen Verzehr oder auch zum Mitnehmen werden angeboten. Aber auch präpariertes Brot zum Anschauen liegt aus. Besonderes Interesse finden die präparierten Hochzeitsbrote.

12. *Gedicht: Brot, wo kommst du her?*

Brot, wo kommst du her?
Ei, das ist nicht schwer:
Bin vom Bäcker kommen,
der das Mehl genommen,
Mehl, wohl sieben Lot –
und so bin ich Brot.

Mehl, wo kommst du her?
Ei, das ist nicht schwer:
Bin vom Müller kommen,
der hat Korn genommen,
Korn wie Gold so gehl –
und so bin ich Mehl.

Korn, wo kommst du her?
Ei, das ist nicht schwer:
Bin vom Bauern kommen,
hat den Halm genommen,
Hälmlein aus dem Dorn –
und so bin ich Korn.

Halm, wo kommst du her?
Ei, das ist nicht schwer:
bin vom Würzlein kommen,
hat mich mitgenommen,
aus der Erde Schoß –
und so wuchs ich groß.

Erde, Sonne, Meer,
sprecht, wo kommt ihr her?
Sind von Gott her kommen,
daß für alle Frommen,
wachse Brot im Land
Brot aus Gottes Hand.

Rudolf Otto Wiemer

13. Die vierte Bitte des Vaterunsers mit Luthers Erklärung

Unser täglich Brot gib uns heute

Was ist das?

Gott gibt das tägliche Brot auch ohne unsere Bitte allen Menschen, aber wir bitten in diesem Gebet, daß er's uns erkennen lasse und wir mit Danksagung empfangen unser täglich Brot.

Was heißt denn tägliches Brot?

Alles, was not tut für Leib und Leben, wie Essen, Trinken, Kleider, Schuh, Haus, Hof, Acker, Vieh, Geld, Gut, fromme Eheleute, fromme Kinder, fromme Gehilfen, fromme und treue Oberherren, gute Regierung, gut Wetter, Friede, Gesundheit, Zucht, Ehre, gute Freunde, getreue Nachbarn und desgleichen.

(Bitte sehr langsam lesen! Oder die Teilnehmer mitsprechen lassen und danach „alles was not tut“ einzeln wiederholen.)

14. Lesung: Erntedankfest auf dem Bauernhof

„Guste, beeil dich! Wir müssen auf's Feld, der letzte Erntewagen wird schon geladen."

„Ja, ich komme schon!"

Die beiden rennen zum Dorf hinaus und freuen sich.

Die letzte Fuhre! Sie wird anders geladen als die übrigen Wagen, denn oben wird ein Nest gebaut, in das sich Jugend und Kinder hineinsetzen dürfen.

Stolzen Schrittes geht dann der Bauer neben den Pferden her. Die letzte Fuhre fährt er immer selbst nach Haus.

Wie froh ist er, daß er die Ernte trocken ins Haus gebracht hat. Oben auf dem Wagen geht es fröhlich zu. Lachen, singen, lustige Sprüche welchseln sich ab. Am Scheunentor angelangt, geht es mit einer Rutschpartie vom Wagen hinab. Wie jedes Jahr lädt der Bauer die Arbeiter und ihre Familien zum Erntedankfest am kommenden Samstag ein.

Darauf freuen sich alle, denn Erntedank gibt es nur einmal im Jahr. Es kommt in der Wertung direkt nach Weihnachten.

Als es Samstag ist, kommen alle in ihren Sonntagskleidern zum Hof. In der Dielentür hängt ein schöner Erntekranz, aus Kornähren gebunden und mit Blumen und bunten Bändern verziert. Lange Tische sind in der großen Diele aufgestellt und gedeckt.

Mit bewegten Worten dankt der Bauer allen, die bei der Ernte geholfen haben, und wünscht allen frohe Feststunden. Dann fängt das Schmausen an: Es gibt ein warmes Essen mit viel Fleisch, was zu Hause selten ist. Danach gibt es Kaffee und Berge von Kuchen.

Klein-Fritzchen hat plötzlich Tränen in den Augen. Mitleidig wird er gefragt: „Warum weinst du denn?"

„Es ist noch soviel Kuchen da, und ich bin schon so satt", schluchzt er.

„Dann steckst du dir noch ein Stück in die Tasche."

„Die ist doch auch schon voll!" Alles lacht.

Der Kleine darf sich noch ein Stück für später verwahren.

Inzwischen hat ein Arbeiter sein Bandonium ausgepackt. Musikstücke kommen zum Vortrag, Lieder werden gesungen. Die Kinder spielen auf der Diele. Die Frauen sitzen beieinander und erzählen, und die Männer haben ihr Pfeifchen angezündet und reden auch von ehedem und jetzt. Das war Gemütlichkeit in der „guten alten Zeit!"

Marie Jürgenmeyer

15. Gedicht: Kein Tierlein ist auf Erden

Kein Tierlein ist auf Erden,
dir, lieber Gott, zu klein.
Du ließest alle werden und alle sind sie dein.

Zu dir, zu dir ruft Mensch und Tier.
Der Vogel dir singt,
das Fischlein dir springt,
die Biene dir summt.
Der Käfer dir brummt.
Auch pfeifet dir das Mäuselein,
Herr, Gott, du sollst gelobet sein.

Das Vöglein in den Lüften
singt dir aus voller Brust,
die Schlange in den Klüften zischt dir in Lebenslust.

Die Fischlein, die da schwimmen,
sind, Herr, vor dir nicht stumm,
du hörest ihre Stimmen,
ohn dich kommt keines um.

Vor dir tanzt in der Sonne
der kleinen Mücklein Schwarm,
zum Dank für Lebenswonne
ist kein's zu klein und arm.

Zu dir, zu dir ruft Mensch und Tier.
Der Vogel dir singt,
das Fischlein dir springt,
die Biene dir summt,
der Käfer dir brummt.
Auch pfeifet dir das Mäuselein:
Herr, Gott, du sollst gelobet sein!

Clemens von Brentano

Leiter: Auch wir Menschen wollen Gott danken durch ein Lied.

16. Lied: Danket dem Herrn

Danket dem Herrn! Wir danken dem Herrn;
denn er ist freundlich,
und seine Güte währet ewiglich;
sie währet ewiglich,
sie währet ewiglich.
Lobet den Herrn! Ja, lobe den Herrn
auch meine Seele, vergiß es nie,
was er dir Guts getan,
was er dir Guts getan,
was er dir Guts getan.

Sein ist die Macht! Allmächtig ist Gott,
sein Tun ist weise, und seine Huld
ist jeden Morgen neu,
ist jeden Morgen neu,
ist jeden Morgen neu.

Groß ist der Herr! Ja groß ist der Herr;
sein Nam' ist heilig, und alle Welt
ist seiner Ehre voll,
ist seiner Ehre voll,
ist seiner Ehre voll.

Betet ihn an! Anbetung dem Herrn!
Mit hoher Ehrfurcht werd auch von uns
sein Name stets genannt,
sein Name stets genannt,
sein Name stets genannt.

Singet dem Herrn! Lobsinget dem Herrn;
in frohen Chören, denn er vernimmt
auch unsern Lobgesang,
auch unsern Lobgesang,
auch unsern Lobgesang.

Karl Friedrich Wilhelm Herrosee

17. Kurzandacht und Gebet

Ein Ausspruch heißt: Je mehr wir danken, desto mehr Grund zum Danken bekommen wir.

Der Psalmist sagt: „Wer Dank opfert, der preiset mich."

Es bleibt die Frage offen, wie der Dank für jeden von uns aussieht. Er wird sehr verschieden sein. Aber für uns alle gilt Jesaja 58,7: „Brich dem Hungrigen dein Brot!" Der Dank zu Gott kann Ansporn zum Dienst an Notleidenden sein. Wir schließen mit dem Vers:

Nun preiset alle Gottes Barmherzigkeit!
Lobt ihn mit Schalle werteste Christenheit!
Er läßt dich freundlich zu sich laden,
freue dich Christenheit seiner Gnaden,
freue dich Christenheit seiner Gnaden.

Gebet

Öffne uns die Augen für das Wunder des Brotes,
für das Wunder der Erde, die voll ist von deiner Güte, Gott.
Öffne uns die Augen, damit wir den Hunger derer sehen,
die sich selbst nicht helfen können.
Herr Jesus, du gibst uns deine Liebe.
Hilf uns weiterzugeben, was wir empfangen haben!

14. Unsere Freunde, die Vögel

Programm:

1. *Lied:* Vöglein im hohen Baum
2. *Kurzreferat:* Die Vögel
3. *Gedicht:* Das erste Quartett
4. *Lied:* Alle Vögel sind schon da
5. *Gedicht:* Das Waldkonzert
6. *Zwei Vogelfabeln von Leonardo da Vinci*
7. *Sitztanz:* Ein Vogel wollte Hochzeit machen
8. *Lesung:* Ein Spatz auf großer Fahrt
9. *Scherzfragen*
10. *Lied:* Schön ist die Welt
11. *Gedicht:* Der Kuckuck
12. *Fragespiel:* Kuckuckseier
13. *Welcher Vogel baut sein Nest wo?*
14. *Lesung:* Hilfe in Not durch Vögel
15. *Gedicht:* Rotkehlchen und Sperling
16. *Andacht*
17. *Lied nach Wunsch*

Texte zur Durchführung:

1. Lied: Vöglein im hohen Baum

Vöglein im hohen Baum
klein ist's, man sieht es kaum,
singt doch so schön,
daß wohl von nah und fern
alle die Leute gern
horchen und stehn, horchen und stehn.

Blümlein im Wiesengrund
blühen so lieb und bunt,
tausend zugleich,
wenn ihr vorübergeht,
wenn ihr die Farben seht,
freuet ihr euch, freuet ihr euch.

Wässerlein fließet fort
immer von Ort zu Ort,
nieder ins Tal.
Dürsten dann Mensch und Vieh,
kommen zum Bächlein sie,
trinken zumal, trinken zumal.

Habt ihr es auch bedacht,
wer hat so schön gemacht
alle die drei?
Gott, der Herr, machte sie,
daß sich nun spät und früh
jeder dran freu', jeder dran freu'.

Wilhelm Hey

2. Kurzreferat: Die Vögel

Für die ganze Schöpfung sind Vögel eine gute Gabe Gottes, aber vor allem für uns Menschen, und ich meine ganz besonders für Senioren, weil sie Zeit haben, auf den Gesang oder das Gezwitscher der Vögel zu hören. Manche von uns lauschen dem Lied der Amsel schon morgens um vier Uhr.

Später kann man beobachten, wie die Meisen in graziösen, anmutigen Bewegungen ihre Nahrung suchen oder wie der Dompfaff und sein Frauchen einander nachjagen, als ob sie Fangen spielen.

Walther von der Vogelweide war begabter Lyriker und Minnesänger. Er lebte auf seinem Gut in der Nähe Würzburgs. Er liebte die Vögel und dichtete das Lied: „Ein Vogel wollte Hochzeit machen". Die Stadt Würzburg setzte ihm einen Gedenkstein mit vier Vertiefungen, in die Besucher Vogelfutter geben können.

Auch Martin Luther war ein großer Vogelliebhaber. Von ihm heißt es: „Luther konnte seine vielen Amtssorgen vergessen, wenn er die Vögel in seinem Garten so sorgenfrei umherfliegen sah und fröhlich singen hörte. Als einmal ein Buchfink aus voller Kehle sein Lied schmetterte, trat der Doktor herzu, nahm sein Hütlein ab und sagte: ‚Mein lieber Herr Doktor! Ich muß ja bekennen, daß ich die Kunst nicht kann, die du kannst. Du schläfst die Nacht über in deinem Nestlein ohne alle Sorge. Des Morgens stehst du auf, bist fröhlich und guter Dinge, setzt dich auf ein Bäumlein und singst, lobst und dankest Gott. Danach suchst du deine Nahrung und findest sie. Was habe ich alter Narr gelernt, daß ich's nicht auch tue, der ich soviel Ursache dazu habe!'"

3. Gedicht: Das erste Quartett

Als erster kam der Starmatz heim,
jetzt musiziert er laut
das erste Lied, den ersten Reim
für seine junge Braut.

Gern bietet er dem Wetter Trutz
mit seinen Melodein,
sein Kleid erstrahlt in neuem Putz
im ersten Sonnenschein.

Ein Meisenpaar turnt hoch am Ast,
Spinndicke und Kiwitt,
da kann im ersten Sonnenglast
der Zaunkönig nicht mit.

Er springt so freudig und gewandt
im Buschwerk hin und her,
sein kleines Herz ist wild entbrannt
und klopft so schnell und schwer.

Der Starmatz und das Meisenpaar,
der König klein und nett,
vollführen von der Sängerschar
das erste Streichquartett.

Fritz Kukuk

4. Lied: Alle Vögel sind schon da

Alle Vögel sind schon da, alle Vögel, alle!
Welch ein Singen, Musiziern,
Pfeifen, Zwitschern, Tiriliern!
Frühling will nun einmarschiern,
kommt mit Sang und Schalle.

Wie sie alle lustig sind, flink und froh sich regen!
Amsel, Drossel, Fink und Star
und die ganze Vogelschar
wünschen dir ein frohes Jahr,
lauter Heil und Segen.

Was sie uns verkünden nun, nehmen wir zu Herzen:
Alle wolln wir lustig sein,
lustig wie die Vögelein,
hier und dort, feldaus feldein,
singen, springen, scherzen.

Hoffmann von Fallersleben

5. Gedicht: Das Waldkonzert

Konzert ist heute angesagt
im frischen grünen Wald,
die Musikanten stimmen schon –
hör', wie es lustig schallt.

Das jubiliert und musiziert,
das schmettert und das schallt!
Das geigt und singt und pfeift und klingt
im frischen, grünen Wald.

Der Distelfink spielt keck vom Blatt
die erste Violin;
sein Vetter Buchfink nebenan,
begleitet lustig ihn.

Frau Nachtigall, die Sängerin,
die singt so hell und zart;
Und Meister Hänfling bläst dazu
die Flöt' nach bester Art.

Das jubiliert und musiziert,
das schmettert und das schallt!
Das geigt und singt und pfeift und klingt
im frischen, grünen Wald.

Die Drossel spielt die Klarinett',
der Rab', der alte Mann,
streicht den verstimmten Brummelbaß,
so gut er streichen kann.

Der Kuckuck schlägt die Trommel gut,
die Lerche steigt empor
und schmettert mit Trompetenklang
voll Jubel in den Chor!

Das jubiliert und musiziert,
das schmettert und das schallt!
Das geigt und singt das pfeift und klingt
im frischen, grünen Wald.

Musikdirektor ist der Specht,
er hat nicht Rast noch Ruh,
schlägt mit dem Schnabel spitz und lang
gar fein den Takt dazu.

Verwundert hören Has' und Reh
das Fiedeln und das Schrei'n,
und Bienen, Mück' und Käferlein,
die stimmen surrend ein.

Das jubiliert und musiziert,
das schmettert und das schallt!
Das geigt und singt und pfeift und klingt
im frischen, grünen Wald!

Christian Dieffenbach

6. Zwei Vogelfabeln von Leonardo da Vinci

„Wer ist das fröhlichste Tier?"

So fragte man einen alten Bauern. „Es ist der Hahn", antwortete er. „Der Hahn und die Fröhlichkeit sind eins. Er freut sich, wenn der Tag anbricht und kräht. Er freut sich, wenn die Sonne aufgeht und kräht. Er läuft, kräht und springt und kämpft, immer glücklich und zufrieden, und der ganze Hof hört auf ihn und freut sich mit."

„Und das traurigste Tier?" fragten sie den weisen Bauern noch. „Das traurigste Tier ist der Rabe", lautete die Antwort. „Die Traurigkeit ist genau wie er. Wenn sich im Nest die Eier öffnen und dem Raben Kinder geboren werden, flieht er, weil er sie so federlos und weiß sieht, und gibt sie in großem Kummer auf. Er zieht sich auf einen benachbarten Baum zurück und weigert sich, die Jungen zu ernähren. Bis er schließlich bemerkt, daß auf ihrer Haut die ersten schwarzen Federchen zu sprossen beginnen. Dann kehrt er zurück."

7. Sitztanz: Ein Vogel wollte Hochzeit machen

Vorschlag: Die Verse werden ohne Bewegung gesungen. Bei „Fiderallala" wird geklatscht, und zwar:

Beim 1. Taktschlag mit beiden Händen auf die Brust klatschen
Beim 2. Taktschlag in die Hände klatschen
Beim 3. Taktschlag mit der rechten Hand aufs rechte Knie klatschen
Beim 4. Taktschlag mit der linken Hand aufs linke Knie klatschen
Fide ral la la, fiderallala, fiderallalalala.
1 2 3 4 1 2 3 4 1 2 3 4

Ein Vogel wollte Hochzeit machen
in dem grünen Walde,
Fiderallala, fiderallala, fiderallalalala.

Die Drossel war der Bräutigam,
die Amsel war die Braute.
Fiderallala, fiderallala, fiderallalalala.

Die Lerche, die Lerche,
die führt die Braut zur Kirche.
Fiderallala, fiderallala, fiderallalalala.

Der Gockelhahn, der Gockelhahn,
derselbig war der Kapellan.
Fiderallala, fiderallala, fiderallalalala.

Die Meise, die Meise,
die sang das Kyrieleise.
Fiderallala, fiderallala, fiderallalalala.

Der Pfau mit seinem langen Schwanz,
der führt die Braut wohl zu dem Tanz.
Fiderallala, fiderallala, fiderallalalala.

Die Gänse und die Anten
war'n die Musikanten.
Fiderallala, fiderallala, fiderallalalala.

Die Taube, die Taube,
die bracht der Braut die Haube.
Fiderallala, fiderallala, fiderallalalala.

Die Eule, die Eule,
nahm Abschied mit Geheule.
Fiderallala, fiderallala, fiderallalalala.

Der Uhu, der Uhu,
der macht die Fensterläden zu.
Fiderallala, fiderallala, fiderallalalala.

Walther von der Vogelweide

8. Lesung: Ein Spatz auf großer Fahrt

Ein Spatz hatte ein Nest in einen Lastwagen gebaut, der zur Reparatur in der Werkstatt stand. Als der Wagen wieder fahrbereit war, waren die Jungen gerade ausgeschlüpft. Der Lastwagen fuhr Hunderte von Kilometern, doch die Vogelmutter verließ ihre Jungen nicht. Die Lkw-Fahrer waren ganz gerührt von dem Bild, das sich ihnen bot, und sagten ihrem Vorgesetzten davon. Dieser ordnete an, daß der Lastwagen abgestellt würde, bis die Jungen flügge geworden wären.

Man stelle sich einmal vor, was das Fuhrunternehmen es sich kosten ließ, um hilflose kleine Vögel zu schützen! Sollte unser himmlischer Vater, der auch für Sperlinge sorgt, da nicht noch weitergehen, um seine Kinder zu schützen? Die Bibel sagt, daß keines jener kleinen Vögel auf die Erde fällt, ohne daß Gott es weiß. *Zeitungsausschnitt*

9. Scherzfragen

1. Welcher Vogel hat's am schwersten? (Der Pechvogel)
2. Welcher Vogel lacht viel? (Der Spaßvogel)
3. Welcher Vogel weiß, wie er heißt? (Der Kuckuck)
4. Warum legen die Vögel ihre Eier ins Nest? (Beim Werfen würden sie zerbrechen)
5. Welcher Vogel ist viel unterwegs? (Der Wandervogel)
6. Warum fliegen die Schwalben gen Süden? (Weil es zu weit ist, um zu laufen)
7. Es fliegt durch die Luft und macht: mus, mus? (Eine Biene im Rückwärtsgang)
8. Was muß ein Liliputaner unbedingt mitnehmen, wenn er Heidelbeeren pflücken will? (Eine Leiter)
9. Was geschieht dem Huhn, das eine Rasierklinge verschluckt hat? (Es legt nur noch Eier in Scheibchen)
10. Was sagte die Ameise, als sie vom Petersilienbrett abrutschte? („Achtung Stufe")
11. Es gibt Monate mit 30 Tagen und solche mit 31 Tagen. Wieviele haben 28 Tage? (Alle)
12. Welche Krankheit gab es noch nie in einem Land? (Seekrankheit)
13. Wann handelt ein Dummer am Gescheitesten? (Wenn er schweigt!)
14. Wo ist der Atlantische Ozean trocken? (Auf der Landkarte)

10. Lied: Schön ist die Welt

2. Wir sind nicht stolz,
wir brauchen keine Pferde,
die uns von dannen ziehn.

3. Wir steig'n hinauf
auf Berge und auf Hügel,
wo uns die Sonne sticht.

4. Wir laben uns
an jeder Felsenquelle,
wo frisches Wasser fließt.

5. Wir reisen fort
von einer Stadt zur andern,
wo uns die Luft gefällt.

11. Gedicht: Der Kuckuck

Der Kuckuck sprach mit einem Star,
der aus der Stadt entflohen war.
„Was spricht man", fing er an zu schreien,
„was spricht man in der Stadt von unsern Melodeien?
Was spricht man von der Nachtigall?"
„Die ganze Stadt lobt ihre Lieder!
Die halbe Stadt lobt ihrer Stimme Schall."
„Und von der Amsel?" fuhr er fort.
„Auch diese lobt man hier und dort."
„Ich muß dich doch noch etwas fragen:
Was, rief er, spricht man denn von mir?"
„Das" sprach der Star, „das weiß ich nicht zu sagen,
denn keine Seele red't von dir."
„So will ich", fuhr der Kuckuck fort,
„mich an dem Undank rächen
und ewig von mir selber sprechen."

Christian Fürchtegott Gellert

12. Fragespiel: Kuckuckseier

Der Name dieses Spiels entstand durch den Brauch des Kuckucks, seine Eier in fremde Nester zu legen. Zu drei Begriffen aus einer bestimmten Reihe paßt ein vierter nicht. Das ist das Kuckucksei.

Storch, Kranich, Rotkehlchen, Schwalbe? Welcher ist kein Zugvogel? (Rotkehlchen)

Uhr, Pfau, Waage, Ring? Eins hat nicht mit Federn zu tun. (Ring)

Maiglöckchen, Osterglocken, Leberblümchen, Narzissen. Welche Blume ist kein Zwiebelgewächs? (Leberblümchen)

Wacholder, Ahorn, Tanne, Fichte? Welches ist kein Nadelgehölz? (Ahorn)

Möwen, Heringe, Frösche, Walfische. Welches ist kein Wassertier? (Möwe)

Sieb, Ofen, Häkeldeckchen, Teller. Eins hat kein Loch? (Teller)

Mozart, Lessing, Beethoven, Haydn. Welcher Mann ist kein Musiker? (Lessing)

Martin Luther, Paul Gerhardt, Paula Jordan, Philipp Friedrich Hiller. Wer ist kein Liederdichter? (Paula Jordan)

Weser, Ems, Donau, Elbe münden in die Nordsee. Welcher Fluß nicht? (Donau)

Kaffeemühle, Eierbecher, Feuerzeug, Rührlöffel. Was gab es um 1900 noch nicht? (Feuerzeug)

Orchideen, Rosen, Nelken, Osterglocken. Welche Blume gab es um 1900 bei uns noch nicht? (Orchideen)

Maulwurf, Hirschkäfer, Regenwurm, Igel. Welches Tier ist blind? (Regenwurm)

13. Welcher Vogel baut sein Nest wo?

Wer baut am Wasserrand im Schilf? (Schwan)
Wer nistet unterm Dach und an der Wand? (Schwalbe)
Wer hat sein Nest oft auf dem Dach? (Storch)
Wer legt seine Eier gern in Nistkästen? (Star)
Wer baut sein Nest in Ackerfurchen? (Rebhuhn)
Wer baut sein Nest in hohen Felsen? (Adler)
Wer brütet im Niedergehölz? (Nachtigall)
Wer bezieht jedes Jahr ein neues Nest? (Elster)
Wer zieht in alte Elstern- oder Habichtneste? (Uhu)

14. Lesung: Hilfe in Not durch Vögel

Eine Diakonisse erzählt:

Es war Kriegszeit. Mit viel Zuversicht und mit viel Bangen beobachteten wir, wie alles auf unseren Äckern wuchs, was wir so sehr nötig für Vieh und Menschen in unserer großen Lebensgemeinschaft brauchten. Eines Tages wurde ich zum Rübenacker gerufen. Was sah ich? Tausende von Käfern fraßen an den Rübenblättern. Viele waren schon durchlöchert. Wenn das so weitergehen würde, würden die Rüben eingehen, und wir hätten im Winter kein Futter für das Vieh. Ich überlegte einen Augenblick still, dann sagte ich zu der Schwester, die mir den Schaden gezeigt hatte: „Wir beten, daß Gott viele Vögel kommen läßt, die die Käfer auffressen“. Sie schaute mich etwas ungläubig an. Gott vermag und kann alles! Nach einigen Tagen stand ich wieder am Rübenacker. Was sah ich? Scharen von Vögeln flogen auf. Sie verschonten keinen Käfer, und unsere Rüben waren gerettet.

15. Gedicht: Rothkehlchen und Sperling

Rothkehlchen und Sperling unterhalten sich eben
ein bißchen über das menschliche Leben.
„Eins möchte ich wissen", meint Rothkehlchen jetzt,
„warum sich der Mensch so fürchterlich hetzt
mit Sorgen und Kummer und mancherlei Leid,
so daß ihm zum Danken und Freuen nie Zeit.
Sag, kannst du mir lösen dies schwere Problem?
Mir scheint doch das Leben schön und bequem!"

„Genau kann ich's leider dir auch nicht sagen,
warum sie so stöhnen, sich grämen und klagen,
ich glaube", setzt Spätzchen nachdenklich hinzu,
„sie haben's so gut nicht, wie ich und du.
Für uns sorgt ein Vater im Himmel so treu,
gibt Nahrung und Sonne uns täglich aufs neu,
er weiß ja auch sonst, was uns beiden gebricht,
mir scheint es, mein Lieber, den kennen sie nicht."

Charlotte Friede

16. Andacht

In seiner Bergpredigt weist uns Jesus auch auf die Vögel hin. Er sagt:
„Sehet die Vögel unter dem Himmel an: sie säen nicht, sie ernten nicht, sie sammeln nicht in die Scheunen, und euer himmlischer Vater nährt sie doch. Seid ihr denn nicht viel mehr als sie?" Der Herr Jesus fordert uns auf: Sehet die Vögel an, betrachtet ihr Tun, ihr freies, frohes Leben. Denn der Blick der Menschen bleibt oft haften an dem Schweren und Häßlichen, was umher passiert, und vor allem haben wir Sorgen um das, was noch kommen könnte. Jesus will, daß wir unsere Augen immer wieder auf die sehr zahlreichen Wohltaten Gottes in unserem Leben richten. In unserem Text mahnt uns der Herr Jesus, auf die Vögel zu achten. Sie säen

nicht, sie ernten nicht, sie sammeln nicht Vorräte. Zwar gibt es auch Tiere, die für den Winter vorsorgen: Die Bienen, die Eichhörnchen und andere. Aber die Vögel tun es nicht. Es sorgt für sie der Vater im Himmel! Er kümmert sich um die Vögel, er gibt ihnen Nahrung und hat auf sie acht.

Der Evangelist Matthäus berichtet die Worte Jesu: „Kein Sperling fällt ohne den Willen des Vaters im Himmel zur Erde. Darum habt keine Angst! Ihr seid viel mehr wert als die Sperlinge." Das stärkt unser Wertbewußtsein und macht uns gleichzeitig demütig und dankbar. Schon zu Hiob wurde gesagt: Gott hat uns Menschen klüger gemacht als die Vögel (Hiob 35,10). Aber im Blick auf die Nöte und die Zukunft versagt unser Verstand oft. Wie sorgen wir manchmal, statt auf Gott zu vertrauen, der unser Vater ist und wie ein guter Vater Vorsorge für uns trifft.

Im Schöpfungsbericht heißt es von allem Geschaffenen, den Sternen und den Fischen und Vögeln und Tieren: Es war gut. Nach der Erschaffung des Menschen heißt es: „Gott sah an alles, was er gemacht hatte, und siehe, es war sehr gut." So schätzt Gott den Menschen und gibt ihm in besonderer Weise seine Liebe und Zuwendung. Wie können wir da noch verzagt sein?

In dem erdachten Zwiegespräch zwischen Rotkehlchen und Sperling heißt es: „mir scheint es, mein Lieber, den kennen sie nicht!" Nämlich den Vater im Himmel. Das ist wohl bei uns Menschen der springende Punkt, daß wir den lebendigen Gott so wenig als Vater erkennen.

Vor Jahren hörte ich ein Gespräch von zwei Jungen. Sie sprachen über ihre Väter, wie gut und tüchtig und klug sie seien. Erstaunlich, was sie alles vorbrachten. Einer wollte den anderen übertrumpfen. Ich freute mich und schüttelte auch meinen Kopf. Wie schwer würde es sein, wenn jeder der zwei einst erkennen würde, daß auch der beste Vater nicht fehlerfrei durchs Leben geht.

Aber unsern himmlischen Vater können wir nie genug rühmen, und er wird uns immer im Auge behalten, für uns da sein. Vor allem das, was wir versäumt haben, zurechtbringen, wenn wir ihn darum bitten. Er ist immer größer als unsere Schwierigkeiten, noch weiser in seinem Regieren, als wir es erfassen oder uns erklären können. Darum ist es wichtig, daß wir ihn immer besser kennenlernen, uns immer aufs Neue ihm zuwenden im Gebet und im Lesen und Hören des Gotteswortes. In einem Lied heißt es: Er hat uns noch viel lieber als 1000 Vögelein. Drum will ich ohne Sorgen ihm allezeit vertraun. Sie auch?

17. Lied nach Wunsch

15. Von Pfauen und Schwänen

Programm:

1. *Lied:* Der Jahreszeit entsprechend
2. *Wissenswertes über den Pfau*
3. *Gespräch:* Wo sahen Sie Pfauen?
4. *Wissenswertes über Schwäne*
5. *Gespräch:* Wo sahen und erlebten Sie Schwäne?
6. *Lesung:* Der Schwan. Legende von Leonardo da Vinci
7. *Gedächtnistraining:*

   Welche Wasservögel kennen Sie?

   Welche Singvögel kennen Sie?

   Welche Zugvögel kennen Sie?

   Welche Vögel sind in Vogelbauern,
   um Menschen zu erfreuen?
8. *Der Hund Ajax rettet Wasservögel aus Lebensgefahr*
9. *Lied:* Vöglein im hohen Baum
10. *Märchen:* Das häßliche Entlein
11. *Lied:* Nun laßt uns gehn und treten
12. *Andacht*

Texte zur Durchführung:

1. Lied

Der Jahreszeit entsprechend! Etwa: „Der Mai ist gekommen" oder „Bunt sind schon die Wälder".

2. Wissenswertes über den Pfau

Pfauen und Schwäne lebten früher wild in den Wäldern Indiens. In Europa werden sie als Ziervögel in Parks oder Seen gehalten zur Freude der Menschen.

Schon König Salomo ließ im 9. Jahrhundert v. Chr. Pfauen aus Indien bringen, um mit den schönen Tieren den Glanz seines Hofes zu erhöhen.

Die Pfauen haben ein prächtiges Gefieder mit einem über einen Meter langen Schwanz und Kopfbusch. Die Schwanzfedern richten sie fächerförmig zu einem wunderschönen Rad auf. Besonders Kinder bestaunen sie gern, weil die Pfauen sehr friedlich sind.

Wenn die Pfauen in der Mauser alle Schwanzfedern verlieren, werden diese eifrig gesammelt, um in großen Vasen Treppenhäuser und Räume zu schmücken. Beim Verkauf erzielen sie gute Preise.

3. Gespräch

Wo sahen Sie Pfauen, und was erlebten Sie mit ihnen?

4. Wissenswertes über Schwäne

In unseren Gegenden kennen wir vor allem den Höckerschwan, eine majestätische Erscheinung mit dem langen Hals, dem hoch erhobenen Kopf, mit dem roten Schnabel und dem kleinen schwarzen Höcker an der Schnabelwurzel. Schwäne leben in Einehe mit ihrem Weibchen. Sie können bis zu zwanzig Jahre alt werden.

Ab März beginnt der Nestbau aus Reisern und Schilf. Mit dürrem Gras wird ausgepolstert. Das Nest wird breit angelegt bis zu zwei Metern Durchmesser. Der Nestrand ist ziemlich hoch. Während der Brut bewacht das Männchen das Nest. Mit lautem Zischen und weit ausgebreiteten Schwingen wehrt es jeden Feind ab.

Wenn die Jungen geschlüpft sind, ist es besonders schön anzusehen, wenn die Schwanenfamilie aufs Wasser geht. Vorne schwimmt ein Elternteil, dann folgen die Jungen eins hinter dem anderen, und den Schluß bildet der andere Elternteil.

Da die Schwäne in der Mauser sämtliche Schwungfedern verlieren und nicht fliegen können, ist es wunderbar eingerichtet, daß Männchen und Weibchen nacheinander mausern, so daß immer ein Elternteil kampffähig ist und die Jungen schützen kann.

Die Schwäne ernähren sich von Wasserpflanzen und Kleintier. Sie sind aber auch schnell zur Stelle, wenn Besucher sie mit kleinen Brotbrocken, Keksen oder Haferflocken füttern.

Der Singschwan lebt vor allem in Nordeuropa und Asien. Wenn er alt und sterbend ist, soll er einen volltönenden Schrei, den Sterbegesang, ausstoßen. Darum wird das letzte Lied eines Dichters „Schwanengesang“ genannt.

5. Gespräch: Wo sahen und erlebten Sie Schwäne?

6. Lesung: Der Schwan. Legende von Leonardo da Vinci

Der Schwan neigte den biegsamen Hals aufs Wasser und spiegelte sich lange.

Da begriff er die Ursache seiner Müdigkeit und dieser Kälte, die seinen Körper wie mit Zangen griff und zittern machte wie im Winter: Mit absoluter Gewißheit wußte er, daß seine letzte Stunde geschlagen hatte und er zum Sterben bereit sein mußte.

Seine Federn waren noch weiß wie am ersten Tag seines Lebens. Er hatte Jahre und Jahreszeiten durchmessen, ohne sein unbeflecktes Kleid zu beschmutzen. Jetzt konnte er Abschied nehmen und sein Leben in Schönheit beschließen.

Den schönen Hals hebend, steuerte er langsam, fast feierlich unter eine

Trauerweide, wo er an heißen Tagen zu ruhen pflegte. Es war schon Abend. Der Sonnenuntergang verfärbte das Seewasser purpurn und violett. Und in dem großen Schweigen, das sich auf alles niedersenkte, begann der Schwan zu singen.

Niemals zuvor hatte er Töne so voller Liebe für alle Natur, für die Schönheit des Himmels, des Wassers und der Erde gefunden. Sein süßester Gesang verschwebte in der Luft, von Schwermut umflort, bis er sich leise, leise verlor, eins mit dem letzten Licht des Horizontes.

„Es ist der Schwan", sagten bewegt die Fische, die Vögel, alle Tiere des Waldes und der Wiesen, „es ist der Schwan, der stirbt".

7. Gedächtnistraining

Welche Wasservögel kennen Sie?
Welche Singvögel kennen Sie?
Welche Zugvögel kennen Sie?
Welche Vögel sind in Vogelbauern, um Menschen zu erfreuen?

8. Der Hund Ajax rettet Wasservögel aus Lebensgefahr

Als die kalten Herbstwinde kamen, zogen Scharen von Zugvögeln gen Süden. Auf unserm See waren Wildgänse, Möwen und Schwäne eingefallen, um zu rasten. Dann setzte starker Frost ein und umgürtete den See mit Eis. Mit jedem Tag wuchs diese gläserne Umrandung. Das Geflügel spürte die Not. Die Nahrung wurde knapp. Da begann die Bevölkerung, die Vögel mit Getreide, Küchenabfällen und Grünzeug zu füttern. Jedermann hoffte, daß den Schwimmvögeln ihr Asyl erhalten bliebe.

Aber der Frost steigerte sich noch. Immer kleiner wurde der Platz zum Schwimmen, obwohl die Tiere durch eifriges Schwimmen das Erfrieren zu verhindern suchten. Die Gefahr wuchs, daß die Wasservögel festfrieren würden und verhungern.

Da sprang Förster Matthias ein mit seinem Hund Ajax. Ein gutes Stück konnte er den Hund auf dem zugefrorenen See begleiten, dann trug ihn das Eis nicht mehr, aber es trug Ajax. Auf den Befehl: „Bring sie!" kroch Ajax weiter. Dabei legte er sich so flach wie möglich auf die schwankende Eisdecke. Geschickt arbeitete er sich an die erste Bläßhenne, die kraftlos ihren Tod erwartete. Sie machte auch keinen Versuch zur Flucht. Da packte Ajax sie, hielt sie sehr vorsichtig in seinem Fang, kroch mit ihr zurück und brachte sie seinem Herrn. Lobend nahm der Wachtmeister sie in Empfang und schickte Ajax wieder los. Der brachte ein Tier nach dem anderen.

Helfer vom Tierschutzverein versorgten die Tiere weiter in sachgemäßer Pflege. So rettete Ajax über ein Dutzend todgeweihter Tiere und erwarb sich dabei die Liebe der Menschen.

9. Lied: Vöglein im hohen Baum

Vöglein im hohen Baum
klein ist's, man sieht es kaum,
singt doch so schön,
daß wohl von nah und fern
alle die Leute gern
horchen und stehn, horchen und stehn.

Blümlein im Wiesengrund
blühen so lieb und bunt,
tausend zugleich,
wenn ihr vorübergeht,
wenn ihr die Farbe seht,
freuet ihr euch, freuet ihr euch.

Wässerlein fließet fort
immer von Ort zu Ort,
nieder ins Tal.
Dürsten dann Mensch und Vieh,
kommen zum Bächlein sie,
trinken zumal, trinken zumal.

Habt ihr es auch bedacht,
wer hat so schön gemacht
alle die drei?
Gott, der Herr, machte sie,
daß sich nun spät und früh
jeder dran freu', jeder dran freu'.

Wilhelm Hey

10. Märchen: Das häßliche Entlein

Es war Sommer. Das Korn stand gelb, das Heu war eingeholt, und auf den grünen Wiesen ging der Storch mit seinen langen, roten Beinen. Dort im Gebüsch brütete eine Ente in ihrem Nest. Endlich an einem Morgen früh schlüpfte ein Entenküken nach dem anderen aus seinem Ei. „Rab-rab", sagte die Ente und freute sich. Aber immer noch lag das größte Ei ganz still da. Die Entenmutter brütete weiter Tag um Tag. Endlich platzte auch dies letzte Ei. „Piep, piep", sagte das Junge. Aber wie sah es aus? Es war groß und garstig und ganz grau, ganz anders als die übrigen.

Am nächsten Morgen erschien die Entenmutter am Bach mit der ganzen Schar. Platsch, sprang sie ins Wasser, und ein Junges nach dem anderen plumpste hinterdrein, und alle konnten gleich schwimmen. Auch das häßliche Graue schwamm mit. Das tröstete die Entenmutter. Sie staunte, wie schön es seine Beine bewegte und wie grade es sie hielt! Klar! Es ist ja auch mein Kind.

Nach dem Bad zog die Schar fort zum Entenhof. Kaum angekommen, sagten die Enten dort: „Pfui, guckt nur, wie das eine Junge aussieht!" Und gleich flog eine Ente zu ihm hin und zwackte es ins Genick. „Laß das", sagte die Mutter, „es tut ja niemandem etwas."

„Es ist nicht schön, aber es hat ein gutes Gemüt", verteidigte die Entenmutter ihr Kind. „Es hat zu lange im Ei gelegen. Es wird sich schon durchschlagen!"

Weil aber die übrigen Enten das seltsame Küken weiter bissen und stießen, verließ die Entenfamilie bald den Entenhof. Aber zu Hause war es nicht besser. Da war der Truthahn, der kollerte und schimpfte: „Es ist zu groß!"

Das arme Entlein wußte nicht, wo es gehen oder stehen durfte. Es war so traurig, weil es so häßlich aussah. Es wurde auch täglich schlimmer. Von allen wurde es gehetzt, sogar von den eigenen Geschwistern. Die Hühner hackten es, die Enten zwackten es, die Magd, die den Tieren Futter brachte, stieß mit dem Fuß nach ihm.

Da lief es fort und flog über den Zaun. Die kleinen Vögel im Gebüsch flatterten erschrocken auf. Das ist, weil ich so häßlich bin, dachte das Entlein und lief weiter. Es versteckte sich im

Moor und ernährte sich mühsam. Dann wurde es Herbst und Winter. Ein kalter Wind pfiff, und das Wasser wurde zu Eis. Das Entlein fror fürchterlich, lag wie tot im frisch gefallenen Schnee, reckte sich wieder und suchte Nahrung. Es wurde ein sehr schwerer Winter mit viel Not und Elend für das arme Tier.

Als die Sonne wieder anfing, warm zu scheinen, lag es im Sumpf zwischen dem Schilf. Die Lerchen sangen. Es war ein schöner Frühling. Da hob es mit einemmal seine Schwingen, sie rauschten stärker als früher und trugen es kräftig davon.

Ehe es sich so recht versah, war es in einem großen Garten, wo die Apfelbäume in Blüte standen. Oh, hier war es schön, so frühlingsfrisch! Und gerade vor ihm aus dem Dickicht kamen drei wunderbare, weiße Schwäne geschwommen. Das Entenjunge erschrak und wurde traurig, sehr traurig. „Nun werden sie mich töten, weil ich so häßlich bin", dachte es. Aber dennoch schwamm es auf sie zu. Dabei neigte es den Kopf tief aufs Wasser. Doch was sah es in dem klaren Wasser? Es sah sein eigenes Bild. Es war nicht mehr das häßliche, graue Entlein, sondern es war selber ein Schwan. Die großen Schwäne schwammen rund um das Junge herum und streichelten es mit dem Schnabel.

In den Garten kamen einige Kinder, die warfen Brot und Körner ins Wasser, und das Kleinste rief: „Das ist ein neuer!" Und die anderen holten die Eltern, und alle sagten: „Der neue Schwan ist der hübscheste! So jung und schön!" Und die alten Schwäne verneigten sich vor ihm. Da fühlte es sich beschämt. Es dachte daran, wie es verfolgt und verhöhnt worden war. Und nun hörte es alle sagen, daß es der schönste aller Vögel sei. Darum jubelte es: „Soviel Glück habe ich mir nicht träumen lassen, als ich das häßliche Entlein war!"

Hans Christian Andersen
(gekürzt von Marie Jürgenmeyer)

11. Lied: Nun laßt uns gehn und treten

Nun laßt uns gehn und treten
mit Singen und mit Beten
zum Herrn, der unserm Leben
bis hierher Kraft gegeben.
Wir gehn dahin und wandern
von einem Jahr zum andern,
wir leben und gedeihen
vom alten bis zum neuen.

Ach Hüter unsres Lebens,
fürwahr, es ist vergebens
mit unserm Tun und Machen,
wo nicht dein Augen wachen.

Gelobt sei deine Treue,
die alle Morgen neue;
lob sei den starken Händen,
die alles Herzleid wenden.

Laß ferner dich erbitten,
o Vater, und bleib mitten
in unserm Kreuz und Leiden
ein Brunnen unsrer Freuden.

Paul Gerhardt

12. Andacht

Wir hörten das Märchen vom häßlichen Entlein. Es hat seit langem einen tiefen Eindruck auf mich gemacht, weil es zeigt, daß wir oft Menschen und ihr Tun falsch beurteilen oder gar verurteilen, weil sie nicht sind, wie sie nach unserer Meinung sein müßten. Besonders notvoll ist das im Blick auf Menschen unserer näheren Umgebung. Es gefällt uns nicht, wie sie sich kleiden, wie sie sich benehmen oder wie sie arbeiten und handeln. Dabei verurteilen wir und werden an ihnen schuldig.

Darum ist es wichtig, daß wir erkennen, daß Gott sie schuf mit ihrem Körper, mit ihrer Veranlagung, mit ihren Gaben und Nöten und Gefahren, mit ihrem ganzen Sein.

Gott liebt die Vielfalt, Menschen, die harmonisch nebeneinander und miteinander leben. Im Schöpfungsbericht heißt es von Pflanzen und Bäumen, von Fischen, Vögeln und Tieren: Gott schuf ein jegliches nach seiner Art.

Auch jedes einzelne hat seinen besonderen Samen. Jedes Blatt am Baum ist einzigartig gestaltet, unter vielen Tausenden ist keins dem andern völlig gleich.

Als junger Mensch war ich unterwegs, eine Freundin zu besuchen. Der Bummelzug fuhr durch grünende Wiesen. Plötzlich ging mir auf: Nicht ein einziger Grashalm unter den Millionen hat genau dieselbe Größe und Form. Ich war tief beeindruckt von der Größe Gottes, des Schöpfers, in dieser kleinen Wunderwelt. Dies Ergriffensein von Gottes Allmacht hat sich in den Jahrzehnten meines Lebens immer wiederholt. Besonders aber im Blick auf die Menschen meiner Umgebung und Menschen, die mir begegnen. Gott schuf auch jeden Menschen nach seiner Art, schuf ihn als einmaliges Original, damit wir so einander anerkennen, helfen und ergänzen. Ein junger Schwan kann nicht aussehen wie ein Entenküken. Ein Choleriker kann sich nicht benehmen wie ein Melancholiker ...

Dies Miteinander ist nicht leicht. Es ist aber möglich, weil der Herr Jesus uns die Kraft dazu anbietet. Im 2. Petrusbrief 1,3 heißt es: „Alles, was wir brauchen, um ein Leben zu führen, wie es Gott gefällt, hat Gott uns geschenkt“ (Übersetzung: Gute Hoffnung). Damit wollen wir rechnen und uns im Verstehen und Liebhaben üben.

16. Von Wäldern und Bäumen

Programm:

1. *Lied:* Ich geh durch einen grasgrünen Wald
2. *Einführung ins Thema*
3. *Gedicht:* Doktor Wald
4. *Lied:* Im Wald und auf der Heide
5. *Gedicht:* Aus dem Walde
6. *Gespräch:* Waldreiche Gegenden Deutschlands
7. *Teekesselraten*
8. *Lied:* Im Walde wachsen
9. *Lesung:* Wußen Sie, daß ...
10. *Gedicht:* An welche Bäume erinnern Sie sich gerne?
11. *Gedicht:* Gäste der Buche
12. *Ein besonderer Baum:* Gingko biloba
13. *Gedicht:* O Täler weit, o Höhen
14. *Lesung:* Was Afrikaner von der Palme sagen
15. *Thema:* Obstbäume und Herr von Ribbeck auf Ribbeck
16. *Lied:* So scheiden wir mit Sang und Klang
17. *Andacht*
18. *Liedvers:* Geh aus mein Herz und suche Freud

Texte zur Durchführung:

Raumschmuck: Ein Strauß sehr verschiedener Zweige, die später herumgereicht werden; nachdem ihre Namen festgestellt sind, werden sie genau betrachtet, berochen und betastet. Die Zweige von Nadelbäumen muß man reiben, um den Geruch festzustellen.

Im Winter kann man kahle Laubbaumzweige mit Weingummi oder anderen Bonbons behängen, die am Schluß verzehrt werden.

1. Lied: Ich geh durch einen grasgrünen Wald

Ich geh durch einen grasgrünen Wald
und höre die Vögelein singen.
Sie singen so jung, sie singen so alt,
die kleinen Vögelein in dem Wald,
die hör ich so gerne wohl singen.

O sing nur, singe Frau Nachtigall!
Wer möchte dich, Sängerin, stören?
So wonniglich klingt's im Widerhall!
Es lauschen die Blumen, die Vögel all
und wollen die Nachtigall hören.

Nun muß ich wandern bergauf, bergab;
die Nachtigall singt in der Ferne.
Es wird mir so wohl, so leicht am Stab,
und wie ich schreite hinauf und hinab
die Nachtigall singt in der Ferne.

1. Strophe Volkslied,
2. und 3. Strophe Hermann Kletke

2. Einführung ins Thema

Der Wald mit seinen sehr verschiedenen Bäumen ist für alle Länder bedeutsam. Wir können uns in Deutschland glücklich schätzen, etwa 28 % des Bodens ist Waldfläche.

Wälder beeinflussen das Klima, sie sind wichtig für die Gesundheit und Widerstandskraft der Menschen und Tiere. Um den ganzen Reichtum zu erkennen, den der Wald bietet, sollte man ihn zu Fuß durchwandern, auch wenn nur noch kurze Strecken im Alter möglich sind. Da finden wir Blumen, Beeren und Pilze, hören das Gezwitscher der Vögel, und vielleicht sehen wir auch ein Reh oder einen Hasen.

Für die Volkswirtschaft ist der Wald auch sehr wichtig als Lieferant für Brennholz. Die verschiedenen Holzarten für Zimmerleute, Schreiner, Bildschnitzer und andere sind sehr geschätzt.

Aus den Blüten von Arnika, Fingerhut und Holunder wird Medizin gewonnen.

Heidelbeeren, Brombeeren und Waldhimbeeren sind beliebt bei Jung und Alt.

Sehr genützt werden die Nadeln von Kiefern und Tannen.

Um die Bedeutung besonderer Bäume zu erkennen, wird jedes Jahr ein „Baum des Jahres“ ernannt und auf mehrfache Weise vorgestellt.

Im Jahr 1997 war es die Eberesche, im Volksmund Vogelbeerbaum, mit den leuchtend roten Früchten, die viel Vitamin C enthalten, aber nicht roh gegessen werden dürfen.

Aber leider gibt es auch viele Waldschäden und Gefahren für die Bäume. Da sind zunächst die Käfer (Maikäfer, Borkenkäfer u. a.) und verschiedene Raupenarten. Auch das Wild und die Waldmäuse schädigen Zweige und die Rinde der jungen Bäume und die Wurzeln. Sehr schädlich sind auch die von Menschen produzierten Schadstoffe, vor allem die Abgase. Dankbar können wir sein, daß es viele Schutzmaßnahmen gibt, die vom Staat gefördert werden.

Das Gedicht vom Doktor Wald drückt manches noch präziser aus.

3. Gedicht: Doktor Wald

Wenn ich an Kopfweh leide und Neurose,
mich unverstanden fühle oder alt,
dann konsultiere ich den Doktor Wald!
Er wohnt ganz nah, gleich nebenan,

er ist mein Augenarzt und mein Psychiater,
mein Orthopäde und mein Internist,
er hilft mir sicher über jeden Kater,
ob er aus Kummer oder Kognak ist.
Er hält nicht viel von Pulverchen und Pille,
doch umso mehr von Luft und Sonnenschein!
Ist seine Praxis auch sehr überlaufen,
in seiner Obhut läuft man sich gesund!
Er bringt uns immer wieder auf die Beine,
verhindert Fettansatz und Gallensteine,
den Blutdruck regelt er und das Gewicht,
nur Hausbesuche macht er nicht.

(Das Gedicht „Doktor Wald" ist auf einer normalen Ansichtskarte gedruckt. Man könnte es jedem Teilnehmer schenken. Es erschien im Auslese-Bild-Verlag, Motiv Nr. THÜ 003, Bald Salzungen.)

4. Lied: Im Wald und auf der Heide

Im Wald und auf der Heide, da such ich meine Freude,
ich bin ein Jägersmann, ich bin ein Jägersmann.
Die Forsten treu zu hegen, das Wildbret zu erlegen,
mein Lust hab ich daran, mein Lust hab ich daran.
Halli, hallo, halli, hallo, mein Lust hab ich daran.

Trag ich in meiner Tasche, ein Tränklein in der Flasche,
ein Stückchen schwarzes Brot, ein Stückchen schwarzes Brot.
Brennt lustig meine Pfeife, wenn ich den Forst durchstreife,
da hat es keine Not, da hat es keine Not.
Halli, hallo, halli, hallo, da hat es keine Not.

Im Walde hingestrecket, den Tisch aus Moos mir decket,
die freundliche Natur, die freundliche Natur.
Den treuen Hund zur Seite, ich nun das Mahl bereite
auf Gottes freier Flur, auf Gottes freier Flur.
Halli, hallo, halli, hallo, auf Gottes freier Flur.

Das Huhn im schnellen Fluge, die Schnepf im Zickzackzuge
treff ich mit Sicherheit, treff ich mit Sicherheit.

Die Sauen, Reh' und Hirsche erleg' ich auf der Pirsche,
der Fuchs läßt mir sein Kleid, der Fuchs läßt mir sein Kleid.
Halli, hallo, halli, hallo, der Fuchs läßt mir sein Kleid.

Wenn sich die Sonne neiget, der feuchte Nebel steiget,
mein Tagwerk ist getan, mein Tagwerk ist getan.
Dann zieh ich von der Heide zur häuslich stillen Freude,
ein froher Jägersmann, ein froher Jägersmann.
Halli, hallo, halli, hallo, ein froher Jägersmann.

Wilhelm Bornemann

Gedicht: Aus dem Wald

Mit dem alten Förster heut
bin ich in den Wald gegangen,
während hell im Festgeläut
aus dem Dorf die Glocken klangen.

Golden floß ins Laub der Tag,
Vöglein sangen Gottes Ehre,
fast als ob der ganze Haag
wüßte, daß es Sonntag wäre.

Und wir kamen ins Revier,
wo, umrauscht von alten Bäumen,
junge Stämmchen ohne Zier
sproßten auf besonnten Räumen.

Feierlich der Alte sprach:
Siehst du über unsern Wegen
hochgewölbt das grüne Dach?
Das ist unsrer Ahnen Segen.

Denn es gibt ein ewig Recht,
wo die hohen Wipfel rauschen,
von Geschlechte zu Geschlecht
geht im Wald ein ewig Tauschen.

Was uns not ist, uns zum Heil
ward's gegründet von den Vätern.
Aber das ist unser Teil,
das wir gründen für die Spätern.

Drum im Forst auf meinem Stand
ist mir's oft, als böt ich linde
meinen Ahnherrn diese Hand,
jene meinem Kindeskinde.

Und sobald ich pflanzen will,
pocht das Herz mir, daß ich's merke,
und ein frommes Sprüchlein still
muß ich beten zu dem Werke:

„Schütz euch Gott ihr Reiser schlank!
Möge unter euren Kronen,
rauscht ihr einst den Wald entlang,
Gottesfurcht und Freiheit wohnen.

Und ihr Enkel still erfreut
mögt ihr denn mein Sehnen ahnen,
wie's mit frommen Dank mich heut
an die Väter will gemahnen."

Wie verstummend im Gebet
schwieg der Mann, der tief ergraute,
klaren Auges, ein Prophet,
welcher vorwärts, rückwärts schaute.

Segnend auf die Stämmlein rings
sah ich dann die Händ' ihn breiten,
aber in den Wipfeln ging's
wie ein Gruß aus alten Zeiten

Emanuel Geibel

6. Gespräch: Waldreiche Gegenden Deutschlands

Wo finden wir waldreiche Gegenden in Deutschland?

Welcher Waldbestand ist vorwiegend?

Für Leiter: Im Schwarzwald: Tannen,
im Teuteburgerwald: Buchen,
in der Lüneburger Heide: Kiefern,
usw. Fichten,
Wacholder ...

7. Teekesselraten

Bei diesem Spiel geht es um je ein Wort mit doppelter Bedeutung, genannt „Teekessel“, das erraten werden muß.

Zwei Personen einigen sich, welches Wort sie wählen, dann erklären sie abwechselnd das Aussehen und die Bedeutung ihres „Teekessels“.

Heute geht es um Worte, die irgendwie mit Wald zu tun haben.

Kiefer (Baum)	–	Kiefer (Kauwerkzeug)
Weide (Baum)	–	Weide (Grasfläche)
Brocken (Berg im Harz)	–	Brocken (Abgebrochenes)
Uhu (Vogel)	–	Uhu (Klebemittel)
Star (Vogel)	–	Star (Augenkrankheit)
Schonung (geschützter Waldbestand)	–	Schonung (behutsame Behandlung nach Krankheit)
Reif (Niederschlag)	–	Reif (Schmuckstück)
Fingerhut (giftige Blume)	–	Fingerhut (Fingerschutz beim Nähen)
Harz (Gebirge)	–	Harz (Saft von Tannen, Kiefern)
Käfer (Insekt)	–	Käfer (Auto, Volkswagen)

(Die in Klammern gesetzten Worte sind nur für den Leiter.) Wer zuerst rät, darf dann den Fragenden helfen.

8. Lied: Im Walde wachsen

Im Walde, da wachsen die Beer'n,
drum hab ich den Wald auch so gern,
hallo, halli, hallo.
Tralalalala, tralalalala, tralalalalalala, tralalala.

Im Walde, da wachsen die Schwämm',
wenn's keine gibt, bleib'n mir derhämm,
hallo, halli, hallo.
Tralalalala, tralalalala, tralalalalalala, tralalala.

Im Walde, da gibt's lust'ge Leut',
und Beeren und Schwämm' such mir heut,
hallo, halli, hallo.
Tralalalala, tralalalala, tralalalalalala, tralalala.

9. Lesung: Wußten Sie, daß ...

Wußten Sie, daß von einer einzigen Eiche im Herbst 250.000 Blätter fallen? Wäre das Laub nicht so beschaffen, daß es von selbst zerfällt, würde es nach 20 Jahren den Wald bis zu den Wipfeln bedecken.

Wußten Sie, daß der Kleiber der einzige Vogel ist, der auch stammabwärts laufen kann? Seine langen Krallen sind wie Steigeisen.

Wußten Sie, daß Nadelbäume Windblüher sind und Laubbäume von Insekten bestäubt werden?

Wußten Sie, daß es in Deutschland sehr viel mehr Nadelbäume gibt als Laubbäume?

Wußten Sie, daß Wildschweine 20 Jahre alt werden können? Ihr einziger Feind ist der Mensch.

Wußten Sie, daß ein Dachsbau bis zu 40 Eingänge haben kann?

Wußten Sie, daß junge Füchse blaue Augen haben und ein schiefergraues Fell? Nach vier Wochen werden die Augen gelb und das Fell wird rötlich.

10. Gespräch: An welche Bäume erinnern Sie sich gerne?

Bäume in der Kindheit?

Bäume auf dem Schulhof oder Schulweg?

Bäume bei besonderen Gelegenheiten?
(Ausflügen, Reisen oder im Erwachsenenalter?)

Welche Bäume lieben sie heute?

11. Gedicht: Gäste der Buche

Mietgäste vier im Haus
hat die alte Buche:
Tief im Keller wohnt die Maus,
nagt am Hungertuche.

Stolz auf seinen roten Rock
und gesparten Samen,
sitzt ein Protz im ersten Stock;
Eichhorn ist sein Name.

Weiter oben hat ein Specht
seine Werkstatt liegen,
hackt und hämmert kunstgerecht,
daß die Späne fliegen.

Auf den Wipfeln im Geäst
pfeift ein winzig kleiner
Musikante froh im Nest.
Miete zahlt nicht einer.

Rudolf Baumbach

12. Ein besonderer Baum: Gingko biloba

Der Gingkobaum war vor 15 Millionen Jahren auf allen Erdteilen zu finden. Doch nach den Eiszeiten gab es ihn nur in zwei chinesischen Provinzen. Er kam dann über Japan nach Europa und Deutschland.

Er ist der älteste lebende Baum der Erde. Der Gingko biloba wird sehr alt, ist widerstandfähig und bis zu 40 Meter hoch. Er ist bei uns gern in den Parks gesehen. Man beabsichtigt, Alleen von Gingkos anzupflanzen.

Eine Besonderheit ist der Baum vor allem durch seine Blätter. Sie sind zweilappig und haben viele kleine Rillen. Man nimmt an, daß es in der Urzeit Nadeln waren, die sich in den Jahrmillionen so veränderten.

Die Blätter enthalten wichtige Wirkstoffe, die zu Medizin verwendet werden. Sie sorgen für eine bessere Fließgeschwindigkeit des Blutes; dadurch wird der Sauerstoffgehalt des Blutes erhöht. Dies hilft bei Durchblutungsstörungen und verbessert die Merkfähigkeit.

13. Gedicht: O Täler weit, o Höhen

O Täler weit, o Höhen, o schöner, grüner Wald,
du meiner Lust und Wehen andächtiger Aufenthalt!
Da draußen stets betrogen, saust die geschäftge Welt,
schlag noch einmal die Bogen um mich, du grünes Zelt;
schlag noch einmal die Bogen um mich, du grünes Zelt.

Wenn es beginnt zu tagen, die Erde dampft und blinkt,
die Vögel lustig schlagen, daß dir dein Herz erklingt:
Da mag vergehn, verwehen das trübe Erdenleid,
da sollst du auferstehen in junger Herrlichkeit;
da sollst du auferstehen in junger Herrlichkeit.

Da steht im Wald geschrieben ein stilles, ernstes Wort
von rechtem Tun und Lieben, und was des Menschen Hort.
Ich habe treu gelesen die Worte schlicht und wahr,
und durch mein ganzes Wesen wards unaussprechlich klar;
und durch mein ganzes Wesen wards unaussprechlich klar.

Bald werd ich dich verlassen, fremd in der Fremde gehn,
auf bunt bewegten Gassen des Lebens Schauspiel sehn;
und mitten in dem Leben wird deines Ernstes Gewalt
mich Einsamen erheben, so wird mein Herz nicht alt;
mich Einsamen erheben, so wird mein Herz nicht alt.

14. Lesung: Was Afrikaner von der Palme sagen

Durch eine Oase ging ein finstrer Mann, Ben Sadok. Er war so gallig in seinem Charakter, daß er nichts Gesundes und Schönes sehen konnte, ohne es zu verderben.

Am Rande der Oase stand ein junger Palmbaum im besten Wachstum. Der stach dem finsteren Araber in die Augen. Da nahm er einen schweren Stein und legte ihn der Palme mitten auf die Krone. Mit einem bösen Lachen ging er nach dieser Heldentat weiter.

Die junge Palme schüttelte sich und bog sich und versuchte, die Last abzuschütteln. Vergebens. Zu fest saß der Stein in der Krone. Da krallte sich der junge Baum tiefer in den Boden und stemmte sich gegen die steinerne Last. Er senkte seine Wurzeln so tief, daß sie die verborgene Wasserader der Oase erreichten, und stemmte den Stein hoch, daß die Krone über jeden Schatten hinausreichte.

Wasser aus der Tiefe und Sonnenglut aus der Höhe machten eine königliche Palme aus dem jungen Baum. Nach Jahren kam Ben Sadok wieder, um sich an dem Krüppelbaum zu freuen, den er verdorben.

Er suchte vergebens. Da senkte die stolze Palme ihre Krone, zeigte den Stein und sagte: „Ben Sadok, ich muß dir danken, deine Last hat mich stark gemacht."

Franz Gypkens

15. Thema: Obstbäume und Herr von Ribbeck auf Ribbeck

Das Thema Obstbäume könnte viele Stunden ausfüllen. Um es ein wenig anklingen zu lassen, folgendes Gedicht von Theodor Fontane:

Herr von Ribbeck auf Ribbeck im Havelland

Herr von Ribbeck auf Ribbeck im Havelland,
ein Birnbaum in seinem Garten stand,
und kam die goldene Herbsteszeit
und die Birnen leuchteten weit und breit,
da stopfte, wenn's Mittag vom Turme scholl,
der von Ribbeck sich beide Taschen voll,
und kam in Pantinen ein Junge daher,
so rief er: „Junge, wiste ne Beer?"
Und kam ein Mädel, so rief er: „Lütt Dirn,
kum man röwer, ich hebbe Birn."

So ging es viele Jahre, bis lobesam
der von Ribbeck auf Ribbeck zu sterben kam.
Er fühlte sein Ende. 's war Herbsteszeit,
wieder lachten die Birnen weit und breit;
da sagte der Ribbeck: „Ich scheide nun ab.
Legt mir eine Birne mit ins Grab!"
Und drei Tage darauf, aus dem Doppeldachhaus,
trugen Ribbeck sie hinaus.
Alle Bauern und Büttner mit Feiergesicht
sangen: „Jesus meine Zuversicht".
Und die Kinder klagten, das Herze schwer:
„He ist nun dod. Wer giwt uns nun de Beer?"

So klagten die Kinder. Das war nicht recht.
Ach, sie kannten den alten Ribbeck schlecht.
Der neue freilich, der knausert und spart,
hält Park und Birnbaum streng verwahrt.
Aber der Alte, vorahnend schon
und voll Mißtrauen gegen den eigenen Sohn,
der wußte genau, was damals er tat,
als um eine Birn ins Grab er bat,
und im dirtten Jahr aus dem stillen Haus
ein Birnbaumsprößling sproß heraus.

Und die Jahre gehen wohl auf und ab,
längst wölbt sich ein Birnbaum über dem Grab,
und in der goldenen Herbsteszeit
leuchtet's wieder weit und breit.
Und kommt ein Jung übern Kirchhof her,
so flüstert's im Baume: „Wiste ne Beer?"
Und kommt ein Mädel, so flüstert's: Lütt Dirn,
kumm man röwer, ik gew di ne Birn."

So spendet Segen noch immer die Hand
des von Ribbeck auf Ribbeck im Havelland.

16. *Lied: So scheiden wir mit Sang und Klang*

So scheiden wir mit Sang und Klang,
leb' wohl du schöner Wald,
mit deinem kühlen Schatten,
mit deinen grünen Matten,
du süßer Aufenthalt, du süßer Aufenthalt.

Wir singen auf dem Heimweg noch
ein Lied der Dankbarkeit;
lad ein, wie heut, uns wieder
auf Laubesduft und Lieder
zur schönen Maienzeit, zur schönen Maienzeit.

Schau hin, von fern noch hört's der Wald
in seiner Abendruh!
Die Wipfel möcht er neigen,
er rauschet in den Zweigen:
Leb wohl, ruft er uns zu, leb wohl, ruft er uns zu.

Hoffmann von Fallersleben

17. Andacht

Im ersten Psalm wird der Mensch mit einem gesunden, früchtetragenden Baum verglichen, dazu werden die Voraussetzungen aufgezeigt.

> *Psalm 1,1-3*
> *Wohl dem, der nicht sitzt im Rat der Gottlosen noch tritt auf den Weg der Sünder, noch sitzt, da die Spötter sitzen, sondern hat Lust zum Gesetz des Herrn und redet von seinem Gesetz Tag und Nacht.*
> *Der ist wie ein Baum, gepflanzt an den Wasserbächen, der seine Frucht bringt zu seiner Zeit, und seine Blätter verwelken nicht; und was er macht, das gerät wohl.*

Lothar Zenetti hat seine Antwort darauf in ein Gebet gefaßt, das auch meine Gedanken und mein Gebet ausdrückt:

> *„Herr, wie ein Baum,*
> *so sei vor dir mein Leben.*
> *Herr, wie ein Baum sei vor dir mein Gebet.*
>
> *Gib Wurzeln mir, die in die Erde reichen,*
> *daß tief ich gründe in den alten Zeiten,*
> *verwurzelt in dem Glauben meiner Väter.*
>
> *Gib mir die Kraft, zum festen Stamm zu wachsen,*
> *daß aufrecht ich an meinem Platze stehe*
> *und wanke nicht, auch wenn die Stürme toben.*
>
> *Gib, daß aus mir sich Äste frei erheben,*
> *und meine Kinder, Herr, laß sie erstarken*
> *und ihre Zweige reichen in den Himmel.*
>
> *Gib Zukunft mir und laß die Blätter grünen*
> *und nach den Wintern Hoffnung neu erblühen,*
> *und wenn es Zeit ist, laß mich Früchte tragen.*
>
> *Herr, wie ein Baum,*
> *so sei vor dir mein Leben.*
> *Herr, wie ein Baum sei vor dir mein Gebet.*
>
> *Lothar Zenetti*

18. Liedvers: Geh aus mein Herz und suche Freud

Mach in mir deinem Geiste Raum,
daß ich dir werd ein guter Baum,
und laß mich Wurzeln treiben.
Verleihe, daß zu deinem Ruhm
ich deines Gartens schöne Blum
und Pflanze möge bleiben
und Pflanze möge bleiben.

17. Wie gut, daß es ein Pfingstfest gibt

Programm:

1. *Lied:* Geh aus, mein Herz
2. *Was bedeutet Pfingsten?*
3. *Gedicht:* Das ist das Fest
4. *Gespräch über Pfingstbräuche*
5. *Gedächtnistraining*
6. *Lied:* Schmückt das Fest mit Maien
7. *Ein Pfingsterlebnis aus Sibirien*
8. *Kanon:* Der hat sein Leben am besten
9. *Meine persönlichen Pfingstfeste*
10. *Lied:* Schönster Herr Jesus
11. *Andacht*
11. *Lesung oder Lied:* O Heiliger Geist, kehr bei uns ein

Texte zur Durchführung:

1. Lied: Geh aus, mein Herz

Geh aus, mein Herz, und suche Freud
in dieser lieben Sommerszeit
an deines Gottes Gaben.
Schau an der schönen Gärten Zier
und siehe, wie sie mir und dir
sich ausgeschmücket haben.

Die Bäume stehen voller Laub,
das Erdreich decket seinen Staub
mit einem grünen Kleide;
Narzissus und die Tulipan,
die ziehen sich viel schöner an
als Salomonis Seide.

Die Lerche schwingt sich in die Luft,
das Täublein fliegt aus seiner Kluft
und macht sich in die Wälder.
Die hochbegabte Nachtigall
ergötzt und füllt mit ihrem Schall
Berg, Hügel, Tal und Felder.

Ich selber kann und mag nicht ruhn;
des großen Gottes großes Tun
erweckt mir alle Sinnen;
ich singe mit, wenn alles singt,
und lasse, was dem Höchsten klingt,
aus meinem Herzen rinnen.

Paul Gerhardt

2. Was bedeutet Pfingsten?

Antworten, die heute gegeben werden.
Auf diese Frage erhalten wir in unserer Umgebung oft seltsame Antworten. Ich gebe einige weiter: Pfingsten ist ein Frühlingsfest. - Es ist etwas Christliches. - Es bedeutet zwei freie Tage. - Keine Ahnung – das weiß

ich nicht. Ein junger Mann sagt: „Das hat etwas mit der Auferstehung Jesu zu tun." Seine Freundin schubst ihn an: „Mensch, das war doch Ostern." „Dann muß ich passen!" Aber es kommt auch noch eine gute Antwort: „Zu Pfingsten gehört der Heilige Geist."

Antwort, die die Bibel gibt:
Das Wort Pfingsten kommt von dem lateinischen Wort: pentacoste, das heißt „der Fünfzigste". In Israel feiert man seit der Wüstenwanderung an diesem fünfzigsten Tag nach Ostern das Dankfest für die Früherernte. Ehe Jesus Christus gen Himmel fuhr, versprach er seinen Jüngern, den Heiligen Geist zu senden. Das geschah am fünfzigsten Tag nach der Auferstehung Jesu an Ostern. Durch das Geschenk des Heiligen Geistes kamen an diesem Tage 3000 Menschen zum Glauben an Jesus Christus und ließen sich taufen.

So hat das Pfingstfest zwei Schwerpunkte: Dank für die Gabe des Heiligen Geistes und Dank, daß die Gemeinde Jesu begann.

3. Gedicht: Das ist das Fest

Das ist das Fest, das uns der Herr bereitet
in einer Welt, die voller Trauer ist.
Das ist der Weg, der uns zum Frieden leitet,
weil Gottes Liebe eine Mauer ist.

Herr, gib uns deinen Geist, den Geist der Freude,
verändre du die Welt, ja, Herr, noch heute.

Das ist das Fest, das unser Leben wandelt
in einer Welt, die voller Sorgen ist.
Du hast an uns so wunderbar gehandelt,
daß unser Herz in dir geborgen ist.

Herr, gib uns deinen Geist, den Geist der Freude,
verändre du die Welt, ja, Herr, noch heute.

Johannes Jourdan

4. Gespräch über Pfingstbräuche

Denkanstöße: Das Schmücken der Haus- und Kirchentüren mit frischem Birkengrün, genannt Maien. Ein Maibaum mit bunten Bändern. In manchen Gegenden wurden Kinder mit Blumen bekränzt und mit Grün geschmückt. So zogen sie singend durch die Straßen.

Das Lied: „Schmückt das Fest mit Maien ...“ wurde schon am Anfang des achtzehnten Jahrhunderts gesungen. So alt ist dieser Brauch.

Vielerorts finden oder fanden auch Pfingstritte statt und wurden Reiterspiele auf buntgeschmückten Pferden veranstaltet.

In der Woche nach Pfingsten brachte man zum ersten Mal das Vieh auf die Weide oder die Alm. Dazu wurde der Leitochse, der Pfingstochse, mit Blumen geschmückt und mit Grün. Durch diesen Brauch entstand die Redewendung: „Das Mädchen, die junge Frau schmückt sich wie ein Pfingstochse“, wenn sie auffallend und besonders bunt gekleidet war.

5. Gedächtnistraining

EIN FROHES PFINGSTFEST

Diese drei Worte werden in großen Buchstaben sichtbar angebracht. Man kann sie auf eine Tafel, alte Tapetenrolle von links oder Karton schreiben, aber auch mit Taglichtschreiber an die Wand werfen. Die Teilnehmer bilden aus diesen Buchstaben neue Worte z. B. Frei, Heiß, Hase, Ostern usw. Nach Zuruf sammeln!

Vorschlag: Zu Hause weitersuchen.

6. Lied: Schmückt das Fest mit Maien Benjamin Schmolck, 1715

2. Tröster der Betrübten, Siegel der Geliebten,
Geist voll Rat und Tat,
starker Gottesfinger, Friedensüberbringer,
Licht auf unserm Pfad:
gib uns Kraft und Lebenssaft,
laß uns deine teuren Gaben zur Genüge laben.

3. Laß die Zungen brennen, wenn wir Jesum nennen,
führ den Geist empor;
gib uns Kraft, zu beten und vor Gott zu treten,
sprich du selbst uns vor.
Gib uns Mut, du höchstes Gut,
tröst uns kräftiglich von oben bei der Feinde Toben!

4. Gib zu allen Dingen Wollen und Vollbringen,
führ uns ein und aus.
Wohn in unsrer Seele, unser Herz erwähle
dir zum eignen Haus.
Wertes Pfand, mach uns bekannt,
wie wir Jesum recht erkennen und Gott Vater nennen.

5. Mach das Kreuze süße, und durch Finsternisse
sei du unser Licht!
Trag nach Zions Hügeln uns mit Glaubensflügeln
und verlaß uns nicht,
wenn der Tod, die letzte Not,
mit uns will zu Felde liegen, daß wir fröhlich siegen!

7. Ein Pfingsterlebnis aus Sibirien

Mit einem Strauß grüner Birkenzweige, zwischen dem rote Tulpen leuchteten, war Frau Nara am Pfingstsonntag in ein Lungensanatorium gekommen, um eine kranke Verwandte zu besuchen. Beim Eintritt ins Krankenzimmer erschrak sie. Das bisher leere, zweite Bett war auch belegt. Aus einem schmalen Gesicht sahen sie tief in den Höhlen liegende Augen an. Ein von schwerer Krankheit gezeichnetes Gesicht. Spontan teilte Frau Nara ihren Strauß und legte die Hälfte aufs Bett der Unbekannten. Magere blasse Hände umschlossen zitternd die Birkenzweige und Tulpen.

Die Verwandte hatte lächelnd zugesehen: „Das ist lieb von dir." Und flüsternd fügte sie hinzu: „Die Arme kommt aus einem Arbeitslager in Sibirien".

Da fing die sonst so schweigsame Frau an zu erzählen. „Voriges Jahr war ich noch in Sibirien. Die Winter habe ich dort gut überstanden, seelisch meine ich. Aber im Frühling war's schlimm. Draußen grüne Birken, bunte Blumen und blauer Himmel. Und um uns herum: Hunger, Gestank und Gezänk. Das war kaum zu ertragen. Dann kam Pfingsten. Ich war Vorarbeiterin geworden und brauchte nicht hinterm Zaun zu bleiben. Ich bin rausgegangen und habe mich auf eine Wiese geworfen und bitterlich geweint.

Da hörte ich das Scheppern einer kleinen Glocke. Ich ging dem Ton nach und sah eine kleine Kapelle. Ich bin hineingegangen. Die Kapelle war voller Frauen. Sie sind zusammengerückt, als sie mich kommen sahen, und ich habe neben ihnen gekniet. Ihre Kleider rochen so gut nach Kuchen und frischem Brot.

Und wie ich da so kniete, da hat mich wieder mein Jammer überfallen. Ich habe in meine Hände hinein geweint. Und ich habe gebetet. Dann hörte ich, daß um mich herum auch gebetet wurde, und ich fühlte mich in einer Gemeinschaft geborgen. Dann schepperte wieder das Glöckchen. Die Frauen erhoben sich. Ich auch und sprach zu ihnen. Aber sie verstanden mich ja nicht. Ich war eine Fremde, eine Feindin, eine Deutsche.

Die Frauen gingen in Gruppen zu ihren Häusern. Ich blieb auf der Steinbank vor der Kapelle sitzen und fühlte mich noch verlassener als vorher. Nach einer Weile kam eine Russin über die Straße. In der Hand trug sie ein Kopftuch, in das etwas eingeknotet war. Sie machte mir ein Zeichen, ich solle in die Kapelle gehen. Dort knotete sie das Kopftuch auf und gab mir kleine, in Öl gebackene Kuchen mit Zucker bestreut.

„Pfingsten" sagte sie und streichelte ein wenig meinen Arm. Dann ging sie und machte wieder Zeichen, daß ich ihr nicht folgen solle. Ich wußte, daß es streng verboten war, mit deutschen Frauen aus dem Lager zu sprechen. Ich blieb allein und aß heißhungrig von den kleinen Küchlein. Dann kamen noch zwei andere Frauen und knoteten ihre Kopftücher auf und legten ein Stück Brot, ein Stück Speck, ja sogar ein gebratenes Hühnerbein auf die Holzbank.

Ich in meinem Glück und meiner Dankbarkeit redete und redete. Sie saßen da, breit und mütterlich. Und dann sagten sie immer wieder denselben Satz. Ich werde ihn mein Lebtag nicht vergessen, aber ich weiß nicht, was er bedeutet, möchte es aber so gern wissen!

Frau Nara hatte staunend zugehört, dann bat sie: „Sagen Sie mir den Satz. Ich werde einen Bekannten bitten, der Russisch kann, ihn zu übersetzen." Und so geschah es.

Als Frau Nara das nächste Mal in die Heilstätte kam, hob die Kranke mühsam den Kopf: „Wissen Sie den Spruch?" „Ja, er heißt: Gott versteht alle Sprachen".

„Das ist schön", sagte Maria und legte ihren Kopf auf das Kissen. In ihren Augen war ein stiller Glanz.

Elisabeth Seeger (Aus „Dem Licht entgegen",
gekürzt von Marie Jürgenmeyer)

8. Kanon

Der hat sein Leben am besten verbracht,
der die meisten Menschen hat froh gemacht.

9. Meine persönlichen Pfingstfeste

Die Pfingstfeste in meiner Kindheit waren immer Familienfeste. Um unseren Großvater, der als einziger von der älteren Generation noch lebte, sammelten sich die Kinder, Schwiegerkinder und Enkel. Für uns alle ein sehr schöner Fixpunkt im Jahr.

Pfingsten 1926: Zwei Kameradinnen und ich wanderten quer durch den Harz von Thale über Hexentanzplatz, Baumannshöhle zum Brokken. Alles zu Fuß! Wir übernachteten in einer Jugendherberge und eine Nacht auf dem Heuboden über einem Hühnerstall. Dieser war nur durch eine Leiter zu erreichen, die wir dann am Abend noch oben zogen. Unsere Finanzen waren sehr knapp. Darum verköstigten wir uns selbst auf sehr bescheidene Weise. Aber das gefiel uns. Vom Brocken wanderten wir dann durchs Ilsetal zur Bahnlinie zurück nach Halberstadt.

Pfingsten 1928: Ich arbeitete in Thüringen im Kindergarten. Im Herbst war ich zum lebendigen Glauben an Jesus Christus gekommen. Mit dem Mädchenkreis wanderten wir am Abend des ersten Pfingsttages in die Nähe einer Burgruine. Dort lagerten wir im Gras und schauten ins Werratal. Die untergehende Sonne schien über Tal und Hügel. Wir staunten und sangen und erzählten. Zum Abschluß sangen wir das Lied: Schönster Herr Jesus, Herrscher aller Herren ... mit dem Vers: Nichts soll mir werden lieber auf Erden als du der schönste Jesus mein.

Das gelobte ich im Herzen. So wurde es für mich eine unvergeßliche Stunde.

Pfingsten 1946: Ich war als Diakonisse im Siegerland eingesetzt. In Marburg war das erste Pfingsttreffen nach dem Krieg. Nach großer Mühe bekam ich einen Paß für mich und die Jugendgruppe, um aus der englischen Zone in die amerikanische zu reisen. Das geschah dann stehend in einem Güterwagen der Eisenbahn. Auch in Marburg war alles sehr schlicht. Wir schliefen auf engstem Raum, das Essen war sehr knapp. Aber wir hörten eine vollmächtige, befreiende Verkündigung des Wortes Gottes. Wir horchten auf und atmeten auf. Eine große Freude brach auf, als auch bei vielen der jungen Leute Jesus Nummer eins in ihrem Leben geworden war.

Pfingsten 1988: Jahrzehnte blieben die Pfingstkonferenzen in Marburg Auftrag und Freude meiner Pfingstfeste, bis ich 1988 in den Feierabend nach Kassel kam. Hier wurden es stille Festtage, aber in getroster Bindung an Jesus Christus.

10. Lied: Schönster Herr Jesus

11. Andacht

Am Pfingstfest, dem fünfzigsten Tag nach der Auferstehung Jesu, waren die Jünger wieder zusammen, beteten und warteten auf den Heiligen Geist, den der Herr Jesus Christus ihnen versprochen hatte. Da geschah plötzlich ein Brausen vom Himmel wie von einem gewaltigen Sturm und breitete sich im ganzen Haus aus. Zugleich sahen sie züngelnde Feuerflammen, die sich auf jeden von ihnen setzten, ohne sie zu verbrennen. So wurden sie alle mit dem Heiligen Geist erfüllt und voll Mutes und Freude. Sie kamen hinaus unter die Volksmenge und rühmten Gott und Jesus Christus. Und seltsam! Alle Menschen, die so vielerlei Sprachen redeten, konnten sie verstehen. Dann hielt Petrus eine lange, vollmächtige Predigt. Er malte Jesus Christus vor Augen, wie er unter ihnen lebte, predigte, handelte und Zeichen setzte. Wie er dann gekreuzigt, aber von Gott auferweckt wurde. Diese Worte drangen in die Herzen der großen Zuhörermenge. Erschrocken fragten sie: „Was sollen wir tun?" Petrus sagte: *„Tut Buße und lasse sich ein jeglicher taufen auf den Namen Jesu Christi zur Vergebung der Sünden. So werdet ihr die Gabe des Heiligen Geistes empfangen."*

Es entstand eine große Bewegung unter ihnen, sie kamen, übergaben ihre Sünden und ihr Leben dem Herrn Jesus und ließen sich auf seinen Namen taufen. Es waren etwa 3000 Menschen, die so die erste Gemeinde Jesu bildeten. Diese Gemeinde hat sich bis heute weiter ausgebreitet. Auch wir sind dazu gerufen. Jeder, der sein Leben bewußt dem großen Gott und Jesus Christus anvertraut, bekommt seither den Heiligen Geist, der ihn durchs Leben leitet und zum Ziel bringt. Kommen auch Sie?

12. Lesung oder Lied: O Heiliger Geist, kehr bei uns

O Heiliger Geist, kehr bei uns ein,
und laß uns deine Wohnung sein,
o komm, du Herzenssonne!
Du Himmelslicht, laß deinen Schein,
bei uns und in uns kräftig sein
zu steter Freud und Wonne!
Sonne, Wonne, himmlisch Leben
willst du geben, wenn wir beten,
zu dir kommen wir getreten.

Steh uns stets bei mit deinem Rat
und führ uns selbst auf rechtem Pfad,
die wir den Weg nicht wissen.
Gib uns Beständigkeit,
daß wir getreu dir bleiben
für und für, auch wenn wir leiden müssen.
Schaue, baue, was zerrissen
und beflissen, dich zu schauen
und auf deinen Trost zu bauen.

Michael Schirmer

18. Winterleiden – Winterfreuden

Programm:

1. *Lied:* O, wie ist es kalt geworden
2. *Gedicht:* Der Winter ist ein rechter Mann
3. *Gespräch:* Winterleiden
4. *Gedicht:* Überlistet
5. *Gespräch:* Winterfreuden
6. *Lesung:* Zwei Seniorinnen erzählen
7. *Lied:* Schneeflöckchen vom Himmel
8. *Gedächtnistraining:* Scharade
9. *Gedicht:* Das Büblein auf dem Eis
10. *Lied:* Es ist für uns eine Zeit
11. *Lesung:* Eine Vierjährige lernt das Staunen
12. *Gedicht:* Hoffnung
13. *Andacht*
14. *Liedvers:* Ich bete an

Texte zur Durchführung:

1. Lied: O, wie ist es kalt geworden

O, wie ist es kalt geworden
und so traurig, öd und leer!
Rauhe Winde wehn von Norden,
und die Sonne scheint nicht mehr.

Auf die Berge möcht ich fliegen,
möchte sehn ein grünes Tal,
möcht in Gras und Blumen liegen
und mich freun am Sonnenstrahl.

Möchte hören die Schalmeien
und der Herden Glockenklang,
möchte freuen mich im Freien
an der Vögel süßem Sang.

Schöner Frühling, komm doch wieder,
lieber Frühling, komm doch bald,
bring uns Blumen, Laub und Lieder,
schmücke wieder Feld und Wald!

Ja, du bist uns treu geblieben,
kommst nun bald in Pracht und Glanz,
bringst nun bald all deinen Lieben
Sang und Freude, Spiel und Tanz.

Hoffmann von Fallersleben

2. Gedicht: Der Winter ist ein rechter Mann

Der Winter ist ein rechter Mann,
kernfest und auf die Dauer;
sein Fleisch fühlt sich wie Eisen an
und scheut nicht süß noch sauer.

Doch wenn die Füchse bellen sehr,
wenn's Holz im Ofen knittert
und um den Ofen Knecht und Herr
die Hände reibt und zittert;

wenn Stein und Bein vor Frost zerbricht,
und Teich' und Seen krachen;
das klingt ihm gut, daß haßt er nicht,
dann will er tot sich lachen.

Da ist er denn bald dort, bald hier,
gut Regiment zu führen.
Und wenn er durchzieht, stehen wir
und sehn ihn an und frieren.

Matthias Claudius

3. Gespräch: Winterleiden

Winterleiden: Denkanstöße: eingefrorene Wasserleitungen, kalte Füße, erfrorene Sträucher, geschädigte Saaten (Frost ohne Schnee), zugefrorene Autotüren, Heizkosten und anderes.

4. Gedicht: Überlistet

Wenn Blätter von den Bäumen stürzen
die Tage täglich sich verkürzen,
wenn Amsel, Drossel, Fink und Meisen
die Koffer packen und verreisen,
wenn all die Maden, Motten, Mücken,
die wir versäumten zu zerdrücken,
von selber sterben – so glaubt mir:
es steht der Winter vor der Tür!

Ich laß ihn stehn!
Ich spiel ihm einen Possen!
Ich hab die Tür verriegelt
und gut abgeschlossen!
Er kann nicht rein!
Ich hab ihn angeschmiert!
Nun steht der Winter vor der Tür
und friert!

Heinz Erhardt

5. Gespräch: Winterfreuden

Winterfreuden damals und heute. Denkanstöße: Schlittschuhlaufen, Schneespaziergang, Rutschbahn, Schneemann, Vogelfütterung u. a.

6. Lesung: Zwei Seniorinnen erzählen

1. Bei uns war der Stadtgraben ohne Wasser. Das Ufer hinab gab es eine feine Rutschbahn. Abends holten wir ein paar Eimer Wasser, die wurden am Ufer heruntergegossen. Morgens war es fest gefroren. Wenn die Kinder aus der Schule kamen, setzten sie sich auf den Schulranzen und ab ging es in die Tiefe. Wenn der Ranzen zu schade war, tat es auch ein Brett oder gar der Hosenboden. Beim Hochkrabbeln zogen sie einander am Rock, manchmal auch am langen Strick. Doch wehe, wenn sie oben losließen. Dann purzelten alle übereinander und das Gekrabbel fing von vorne an.

2. Bei uns im Dorf war das ganz anders. Wir fuhren gegen Abend und sonntags auf der Straße Schlitten. Autos gab es kaum. Die Pferde standen am Abend und am Sonntag im Stall. Es war eine Schlittenbahn über einen Kilometer lang. Das gab eine rasende Fahrt. Vorn saß ein Junge mit dem Schlittschuh zum Lenken. Im Wechsel durften alle mitfahren, dicht gedrängt hielt man einander fest. Manchmal verlor man auch den Letzten vom Schlitten. Es war nicht ungefährlich. Manchmal ging ein Schlitten in die Brüche. Es gab zerrissene Hosen, Frostbeulen an Händen und Füßen. Aber ich erinnere mich nicht, daß bei uns je einer ernstlich verletzt wurde.

7. Lied: Schneeflöckchen vom Himmel

Schneeflöckchen vom Himmel
da kommst du geschneit,
du kommst aus den Wolken,
dein Weg ist so weit.

Komm, setz dich ans Fenster,
du lieblicher Stern;
malst Blumen und Blätter,
wir haben dich gern.

Schneeflöckchen, du deckst uns
die Blümelein zu,
dann schlafen sie sicher,
in himmlischer Ruh.

Schneeflöckchen, Weißröckchen,
du Wintervöglein,
willkommen, willkommen
bei Groß und bei Klein.

Aus Rußland überliefert;
Melodie: Im Märzen der Bauer

8. Gedächtnistraining: Scharade

Der Gruppenleiter und / oder 1 – 2 Teilnehmer stellen folgende Tätigkeiten stumm vor: Waschen, impfen, naschen, tragen, essen, rufen. Die Anfangsbuchstaben der erratenen Tätigkeiten ergeben ein zum Thema passendes Wort. Wie heißt es? (Winter)

9. Gedicht: Das Büblein auf dem Eis

Gefroren hat es heuer
noch gar kein festes Eis.
Das Büblein steht am Weiher
und spricht zu sich ganz leis:
„Ich will es einmal wagen,
das Eis muß doch nun tragen.
Wer weiß!“

Das Büblein stampft und hacket
mit seinem Stiefelein.
Das Eis auf einmal knacket,
und krach! schon bricht's hinein.
Das Büblein platscht und krabbelt,
als wie ein Krebs und zappelt
mit Arm und Bein.

„O helft, ich muß versinken
in lauter Eis und Schnee!
O helft, ich muß ertrinken
im tiefen, tiefen See!"
Wär' nicht ein Mann gekommen,
der sich ein Herz genommen –
o weh!

Der packt es bei dem Schopfe
und zieht es so heraus,
vom Fuße bis zum Kopfe
wie eine Wassermaus.
Das Büblein hat getropfet,
der Vater hat's geklopfet
zu Haus.

Friedrich Güll

10. *Lied: Es ist für uns eine Zeit angekommen*

Es ist für uns eine Zeit angekommen,
die bringt uns eine große Freud.
Übers schneebeglänzte Feld
wandern wir, wandern wir
durch die weite, weiße Welt.

Es schlafen Bächlein und See unterm Eise,
es träumt der Wald einen tiefen Traum.
Durch den Schnee, der leise fällt,
wandern wir, wandern wir
durch die weite, weiße Welt.

Vom hohen Himmel ein leuchtendes Schweigen
erfüllt die Herzen mit Seligkeit,
Unterm sternbeglänzten Zelt
wandern wir, wandern wir
durch die weite, weiße Welt.

Paul Hermann

11. Lesung: Eine Vierjährige lernt das Staunen

Warm verpackt – nur die kleine Stupsnase schaute unter dem Pelzmützchen hervor – saß ich an jenem Morgen des Christfestes auf dem Schlitten, gezogen von Cousine Erna und Cousin Robert. Mein kleines Herz, erst vier Jahre alt, klopfte laut vor Erregung. Großmutter hatte mich eingeladen.

Der Schnee knirschte. Meine beiden „Schlittenpferdchen“ galoppierten so rasch dahin, daß ich im Flockenwirbel nur noch ihre flatternden „Mähnen“ sehen konnte: Roberts Schal und Ernas Zöpfe. Und plötzlich waren sie verschwunden.

Es dauerte eine Weile, bis ich merkte, daß ich gar nicht mehr auf dem Schlitten, sondern im weichen Schnee saß. Ich entdeckte erstaunt, daß die steinernen Figuren auf dem Dach der Ludwigskirche weiße Hüte und die Gaslaternen hohe Pelzmützen trugen. Ängstlich war ich nicht, nur sehr verwundert über all die vielen flaumigen Sternchen, die auf meinem Muff liegenblieben. Und dann begannen auch noch die Glocken zu läuten. Ich meinte, im Weihnachtshimmel zu sein. Jeden Augenblick konnte das Christkind erscheinen ...

Unterdessen waren Erna und Robert vor Großmutters Haus angekommen. Fassungslos starrten sie den leeren Schlitten an. Jetzt erst merkten sie, daß sie ihr Cousinchen Lieselotte unterwegs verloren hatten. So schnell sie konnten, jagten sie den Weg zurück. Ich erinnere mich noch an die Dampfwolken vor ihren Gesichtern, als sie angekeucht kamen ...

Daß ich nicht weinte, sondern ganz unverletzt und vergnügt im Schnee saß, beruhigte beide sehr. Ihre flehende Bitte, doch ja nichts der Großmutter zu verraten, erfüllte ich gern. So konnte ich auch jeglichen Fragen entgehen und mein Weihnachtserlebnis in meinem Herzen behalten. Ein klein wenig nur bedauerte ich, daß ich so schnell wieder aus meinem „Weihnachtshimmel“ herausgerissen wurde und mich nur auf den verschneiten Straßen unserer Stadt befand.

Lieselotte Jolas

12. Gedicht: Hoffnung

Und dräut der Winter noch so sehr
mit trotzigen Gebärden,
und streut er Eis und Schnee umher,
es muß doch Frühling werden.

Und drängen die Nebel noch so dicht
sich vor den Blick der Sonne,
sie wecket doch mit ihrem Licht
einmal die Welt zur Wonne.

Blast nur, ihr Stürme, blast mit Macht!
Mir soll darob nicht bangen,
auf leisen Sohlen über Nacht
kommt doch der Lenz gegangen.

Da wacht die Erde grünend auf,
weiß nicht, wie ihr geschehen,
und lacht in den sonnigen Himmel hinauf
und möchte vor Lust vergehen.

Sie flicht sich blühende Kränze ins Haar
und schmückt sich mit Rosen und Ähren
und läßt die Brünnlein rieseln klar,
als wären es Freudenzähren.

Drum still! Und wie es frieren mag,
o Herz, gib dich zufrieden!
Es ist ein großer Maientag
der ganzen Welt beschieden.

Und wenn dir oft auch bangt und graut,
als sei die Höll' auf Erden,
nur unverzagt auf Gott vertraut!
Es muß doch Frühling werden!

Emanuel Geibel

13. Andacht

Was sagt die Bibel vom Winter?

Als ich mich auf die Suche machte, was in der Bibel vom Winter, von Schnee und Eis und Frost geschrieben steht, war ich sehr überrascht. Ich fand viel mehr, als ich gedacht hatte. Lassen Sie uns heute über zwei wesentliche Stellen nachdenken.

Psalm 74,17: *Sommer und Winter hat Gott gemacht*

Psalm 147,16-18: *Er gibt Schnee wie Wolle,*
er streut den Reif aus wie Asche,
er wirft seine Schloßen herab wie Brocken
wer kann bleiben vor seinem Frost?
Er läßt das Wasser einfrieren.
Er sendet sein Wort, da schmilzt
der Schnee; er läßt seinen Wind
wehen, da taut es.

Diese Gottesworte können uns sehr getrost machen. Auch Atomversuche, Naturkatastrophen, falsche Diagnosen sind nicht blindem Zufall oder menschlicher Willkür preisgegeben. Er, Gott, der größer ist als alles, hat Winter und Eis und Schnee ganz fest in seiner Hand, und es geschieht nichts ohne sein Wissen und Wollen. Das letzte Wort, auch in den Nöten unseres Lebens, spricht immer Er.

1. Mose 8,22: Als die Sintflut, die große Flut, sich verlaufen hatte, baute Noah als erstes Tun dem lebendigen Gott einen Altar und brachte ihm Opfer dar. Damit dankte er Gott für die Errettung und zeigte ihm seine Hingabe und Verehrung.

Gott hatte Freude daran und versprach: „Solange die Erde steht, soll nicht aufhören Saat und Ernte, Frost und Hitze, Sommer und Winter, Tag und Nacht." Als sichtbares Zeichen seines Versprechens, seines Bundes, gab Gott den Regenbogen.

Joh. Jakob Schütz dichtete:

Was unser Gott erschaffen hat,
das will er auch erhalten,
darüber will er Tag und Nacht
mit seiner Güte walten.

Sommer und Winter, Wind, Eis und Schnee sind Zeichen von Gottes unwandelbarer Treue. Er verliert niemand und nichts aus dem Auge. Bei ihm gibt es kein Vergessen und Versäumen. Wir können ihm unser Geschick getrost anvertrauen. Ob es um Geldsorgen oder Krankheit, um Familiennöte oder gar Schuld geht, er liebt uns unentwegt. Und unsere Antwort?

Gerhard Tersteegen singt:

Ich bete an die Macht der Liebe,
die sich in Jesus offenbart,
ich geb mich hin dem freien Triebe,
wodurch auch ich geliebet ward,
ich will anstatt an mich zu denken
ins Meer der Liebe mich versenken.

Ist das auch unsere Reaktion?

14. Liedvers: Ich bete an die Macht der Liebe (Vers 1 singen)

19. Wir freuen uns an Blumen

Programm:

1. *Lied:* Sah ein Knab ein Röslein
2. *Kurzreferat:* Schön sind die Blumen
3. *Gedicht:* Vom Wunderbaren
4. *Gedächtnistraining:* Wir erraten Blumennamen
5. *Gedicht:* Von meinem Blümchen
6. *Lesung:* Das Edelweiß, Symbol der Berge
7. *Ein Sonnenblumen-Spiel*
8. *Lied:* Die Blümelein, sie schlafen
9. *Lesung und Gespräch:* Nelken, geliebte Blumen
10. *Gedicht oder Lied:* Wer hat die Blumen nur erdacht
11. *Andacht*
12. *Liedvers: Nun lob, mein Seel*
13. *Vorschlag:* Bei diesem Thema sollten lebende Blumen als Raumschmuck dienen. Wenn es möglich ist, eine Blumenkarte oder ein kleines Blumensträußchen am Ende des Beisammenseins überreichen.

Texte zur Durchführung:

1. Lied: Sah ein Knab' ein Röslein

Sah ein Knab' ein Röslein stehn,
Röslein auf der Heiden,
war so jung und morgenschön,
lief er schnell, es nah zu sehn,
sah's mit vielen Freuden.
Röslein, Röslein, Röslein rot,
Röslein auf der Heiden.

Knabe sprach: Ich breche dich,
Röslein auf der Heiden!
Röslein sprach: Ich steche dich,
daß du ewig denkst an mich,
und ich will's nicht leiden.
Röslein, Röslein, Röslein rot,
Röslein auf der Heiden.

Und der wilde Knabe brach
's Röslein auf der Heiden;
Röslein wehrte sich und stach,
half ihm doch kein Weh und Ach,
mußt' es eben leiden.
Röslein, Röslein, Röslein rot,
Röslein auf der Heiden.

Johann Wolfgang von Goethe

2. Kurzreferat: Schön sind die Blumen

Für uns Senioren ist das Erkennen und Erleben der Schöpfung ein besonderes Geschenk, weil wir jetzt Zeit haben, sie zu genießen. Zwar nicht mehr durch weite Reisen und schöne Wanderungen, dazu fehlt oft die Kraft. Aber unter anderem ist uns die Freude an Blumen möglich. In dem kleinsten Altenstübchen ist noch Platz für eine Topfblume und für einen Blumenstrauß.

Die Freude an Blumen und die Pflege der Blumen ist weithin erkannt worden als Hilfe zu sinnvollem Leben und Altwerden. Das ist auch ein Grund zur Organisation der großen und schönen Bundes- und Landesgartenschauen und zu vielen anderen Blumenschauen. Da gibt es den Hamburger Dahliengarten, den Frankfurter Palmengarten, die Rosarien und viele, viele wunderschöne Blumengärten und Anlagen in privaten und öffentlichen Händen.

Philipp Otto Runge sagt: Die Freude, die wir an Blumen haben, ist noch ein Stück Paradies.

Und Hildegard von Bingen mahnt: Tragt Sorge zu unserer Erde, seid zu ihr zärtlich und lieb.

3. Gedicht: Vom Wunderbaren

Wie kommt es, daß Blumen beglücken,
liebreich und bunt,
Und wir sie für andre gern pflücken?
Was tut uns ihr Blühen kund?

Wie kommt es, daß Vögel finden
zum Heimatort hin,
Bienen sich dienstbereit binden
an eine Königin?

Woher kommt das Leuchten der Sterne?
Wer hat sie erdacht?
Wer heißt sie aus endloser Ferne
uns grüßen und trösten zur Nacht?

Der Schöpfer bringt Blumen zur Blüte,
lenkt Stern, Mensch und Tier,
durch seine unendliche Güte
leben und schlafen wir hier.

Wir können nicht alles erklären,
doch den Wundern uns weihn.
So wollen wir staunend verehren,
schauen und dankbar sein.

Gerhard Zipperling

4. Gedächtnistraining: Wir erraten Blumennamen

Wir erraten Blumennamen mit einem Tiernamen als Bestandteil: (Bitte zusammentragen!)
Bärenklau, Fette Henne, Ferkelkraut, Hundsblume, Hasenklee, Kuhschelle, Kuckuckslichtnelke, Tigerlilie, Löwenzahn, Löwenmäulchen, Storchenschnabel, Schafgarbe ...

Wir erraten Blumennamen, die einen weiblichen Vornamen beinhalten:
Marienblümchen, Erika, Margarite, Iris, Barbarakraut, Fleißiges Lieschen, Rosmarin ...

Wir erraten Blumen mit Doppelnamen:
Ein Regent und ein Wachslicht = Königskerze
Ein Regent und seine Kopfbedeckung = Kaiserkrone
Eine Waffe und eine Blume = Schwertlilie
Eine weibliche Person und eine Fußbekleidung = Frauenschuh
Ein Türöffner und eine blühende Pflanze = Schlüsselblume
Ein langbeiniger Wasservogel und Körperteil zur Nahrungsmittelaufnahme = Storchschnabel
Ein Karton und ein Getreidestengel = Schachtelhalm

5. Gedicht: Von meinem Blümchen

Ward ein Blümlein mir geschenket,
hab's gepflanzt und hab's getränket.
Vögel, kommt und habet acht!
Gelt, ich hab es recht gemacht?

Sonne, laß mein Blümchen sprießen!
Wolke, komm, es zu begießen!
Richt empor dein Angesicht!
Liebes Blümchen, fürcht dich nicht!

Und ich kann es kaum erwarten,
täglich geh ich in den Garten,
täglich frag ich: Blümchen sprich,
Blümchen bist du bös auf mich?

Sonne ließ mein Blümchen sprießen,
Wolke kam, es zu begießen,
jedes hat sich brav gemüht,
und mein liebes Blümchen blüht.

Wie's vor lauter Freuden weinet!
Freut sich, daß die Sonne scheinet.
Schmetterlinge, fliegt herbei,
sagt ihm doch, wie schön es sei.

Hoffmann von Fallersleben

6. Lesung: Das Edelweiß, Symbol der Berge

Man findet das Edelweiß nicht nur in den Alpen, sondern auch in den Gebirgen Asiens und des Balkans, in den Pyrenäen und Karpathen. Es wächst in Felsspalten und im Geröll und auf steinigem Rasen in 1500 bis 3500 m Höhe. Schon seit 1878 steht das Edelweiß unter Naturschutz.

Die Sage berichtet, das Edelweiß sei aus den heißen Tränen der Eisjungfrau entstanden, die sie über die Untreue des heißgeliebten Jägers weinte. Ehe sie den verzweifelten Sprung in die Tiefe der Gletscherspalte wagte, hatte die Eisjungfrau das Edelweiß an die Felsschroffen der Abgründe gezaubert, um die begehrlichen Edelweißsucher zu Fall zu bringen. Das war die Rache für das ihr angetane Leid.

Das Edelweiß ist zum Wahrzeichen der Alpen geworden. Es wird in Liedern besungen und in Romanen gepriesen. Richard Strauß schrieb eine Alpensymphonie. Luis Trenker drehte Filme, die die Schönheit des Edelweiß zeigen. Ludwig Ganghofer schrieb seinen Roman „Der Edelweißkönig".

Viele Alpenvereine haben das Edelweiß als Abzeichen und Symbol ihrer Liebe zu den Alpen.

Auch die Geschäftswelt und sehr viele Branchen verbreiten es durch ihre Reklame. Vor allem ist aber ein Edelweiß, unter Gefahren gepflückt, ein nicht zu überbietender Liebesbeweis.

Auch im Flachland werden Edelweiß gezüchtet, aber sie entwickeln nicht ihre volle Schönheit, weil die Nächte zu warm sind und dadurch ein zu schnelles Wachstum entsteht.

7. Ein Sonnenblumen-Spiel

Vorbereitung: Bei etwa 20 Teilnehmern werden vier Sonnenblumen gebraucht, 4 runde Scheiben aus braunem Fotokarton oder festem Papier. Durchmesser 9 cm. Dazu 24 Blütenblätter je Blume aus gelbem Karton oder festem Papier. Alle Blütenblätter werden mit den Zahlen 1-6 beschriftet.

Durchführung: Vor Beginn werden die Sonnenblumen auf Tische oder den Fußboden ausgelegt. Es wird reihum gewürfelt. Bei Senioren ist es günstig, den Würfel auf einem Tablett als Unterlage weiterzureichen, falls kein großer Würfel da ist. Der Würfler bekommt ein Blütenblatt mit der richtig erwürfelten Zahl, so lange entsprechende Blütenblätter mit der erwürfelten Zahl da sind, andernfalls geht er leer aus. Es wird solange reihum gewürfelt, bis auch das letzte Blütenblatt und die Scheiben erworben sind.

Dann werden die Punkte-Zahlen auf den Blütenblättern und der Scheibe jedes Teilnehmers zusammengezählt.

Erster Sieger ist, wer die wenigsten Punkte hat.

Zweiter Sieger ist, wer die meisten Punkte hat.

Ob es Preise und für alle anderen einen Trostpreis gibt, muß der Spielleiter entscheiden.

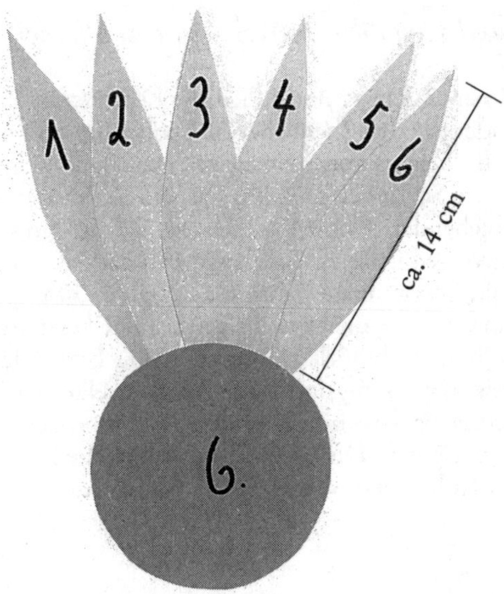

8. Lied: Die Blümelein, sie schlafen

Die Blümelein, sie schlafen
schon längst im Mondenschein,
sie nicken mit den Köpfen
auf ihren Stengelein.
Es rüttelt sich der Blütenbaum,
er säuselt wie im Traum;
Schlafe, schlafe,
schlaf du, mein Kindelein.

Die Vögelein, sie sangen
so süß im Sonnenschein,
sie sind zur Ruh gegangen
in ihre Nestelein.

Das Heimchen in dem Ährengrund,
es tut allein sich kund.
Schlafe, schlafe,
schlaf du, mein Kindelein.

9. Lesung und Gespräch: Nelken, geliebte Blumen

Nelken sind neben Rosen und Lilien die beliebtesten Blumen bei uns. Zunächst fanden sie ihre Liebhaber in England und Frankreich. Heute sind Nelken in vielen Ländern weit verbreitet und geliebt.

Sie zeigen ihre Schönheit in vielen Farben. Durch den schlanken Stiel mit den haltgebenden Knoten biegen sie sich in großer Anmut. Ein wesentlicher Vorteil ist auch ihre lange Haltbarkeit. Es gibt Nelken in großer Vielfalt. Schon im 18. Jahrhundert gab es 50 verschieden Arten.

Bei uns sind vor allem die zweijährigen Landnelken und die einjährigen Nelken bekannt mit sehr vielen Unterarten. Die Bart- oder Straußnelken (auch Pechnelken genannt) und die Karthäusernelken sind beliebt. Nicht vergessen werden darf das hübsche, kleine Schusternägeli. Heute werden Nelken auch mit gutem Duft gezüchtet. Zahlreiche Blumenbücher zeugen von dem Ruhm der Nelken.

10. Gedicht oder Lied: Wer hat die Blumen nur erdacht

Wer hat die Blumen nur erdacht,
wer hat sie so schön gemacht?
Gelb und weiß und rot und blau,
daß ich meine Lust dran schau.

Wer hat im Garten und im Feld,
sie auf einmal hingestellt?
Erst war's noch so hart und kahl,
blüht nun alles ohne Zahl.

Wer das ist und wer das kann
und nicht müde wird daran,
das ist Gott in seiner Pracht,
der die lieben Blumen macht.

11. Andacht

In den Psalmen begegnen uns sehr oft die Worte: „Wohl dem". Ich habe es achtzehnmal gefunden. Diese Worte „Wohl dem" bedeuten dasselbe wie in den Seligpreisungen die Worte „Selig sind". Man kann auch sagen: „Glückselig sind ..." oder man übersetzte gar: „Wir gratulieren dem ...". In dieser Andacht wollen wir drei Stellen betrachten mit „Wohl dem ..."

Psalm 32,1,2: „Wohl dem, dem die Übertretungen vergeben sind, dem die Sünde bedeckt ist. Wohl dem Menschen, dem der Herr die Missetat nicht zurechnet."

Unvergeßlich ist mir ein Erlebnis dieses Wortes. In Marburg war Jugendtag. Viele hundert Jugendliche waren gekommen. Eine Diakonisse hatte dies Psalmwort auszulegen. Sie erklärte den Text und sagte dann: „Und nun können Sie mir alle gratulieren. Ich erlebte in den letzten Tagen, wie Jesus Christus mir Sünde vergab."

Was versteht die Bibel unter Sünde? Es geht um greifbare Dinge, um Taten und Worte wie Lüge und Worte, mit denen wir anderen das Leben schwer machten, auch um böse Gedanken. Aber der Evangelist Johannes schreibt: Die eigentliche Sünde ist, daß sie nicht glauben an mich. Das ist die Ursünde, wenn wir Jesus links liegenlassen, wenn er uns so unwichtig ist. Aber er vergibt, wenn wir zu ihm kommen.

Ein anderes „Wohl dem" steht in Psalm 33,12: „Wohl dem Volk, des

Gott der Herr ist.“ Ja, glücklich zu preisen ist das Volk und der Einzelne, wenn sie sich ganz und gar unter die Führung Gottes gestellt haben. Denn dann führt er den besten Weg, der zwar nicht immer leicht ist.

Noch ein drittes Wort: Psalm 89,16: „Wohl dem Volk, das jauchzen kann.“ Wo Sünde vergeben ist, wo Vertrauen gewachsen ist, da bricht Freude auf, da erklingt in den Herzen das Loblied. Da nehmen wir auch andere mit in die Freude an Jesus Christus und durch ihn.

12. Liedvers: Nun lob, mein Seel

Nun lob, mein Seel, den Herren,
was in mir ist, den Namen sein.
Sein Wohltat tut er mehren,
vergiß es nicht, o Herze mein.
Hat dir dein Sünd vergeben
und heilt dein Schwachheit groß,
errett' dein armes Leben,
nimmt dich in seinen Schoß,
mit reichem Trost beschüttet,
verjüngt, dem Adler gleich;
der Herr schafft Recht, behütet,
die leidn in seinem Reich.

Johann Gramann

13. Vorschlag: Siehe Programm (Seite 190)!

20. Wißt ihr noch, damals?

Programm:

1. *Lied:* Ich weiß nicht, was soll es bedeuten
2. *Leitwort*
3. *Gedicht:* Weißt du noch
4. *Gespräch:* Was fällt uns ein bei den Worten
5. *Lesung:* Der Schulausflug im Leiterwagen
6. *Gespräch:* Was fällt uns ein bei ... (Fortsetzung)
7. *Lied:* Schön ist die Jugend
8. *Gespräch:* Welche Kleidungsstücke gibt es heute nicht mehr, oder nur selten
9. *Gedicht:* Ein Lebensalter
10. *Lied: Nun ade, du mein lieb Heimatland*
11. *Gedicht:* Die alte Brücke
12. *Andacht*
13. *Bekenntnis: Rückblick*

Texte zur Durchführung:

1. Lied: Ich weiß nicht, was soll es bedeuten

Ich weiß nicht, was soll es bedeuten,
daß ich so traurig bin;
ein Märchen aus uralten Zeiten,
das kommt mir nicht aus dem Sinn.
Die Luft ist kühl und es dunkelt,
und ruhig fließet der Rhein;
der Gipfel des Berges funkelt
im Abendsonnenschein.

Die schönste Jungfrau sitzet
dort oben wunderbar;
ihr goldnes Geschmeide blitzet,
sie kämmt ihr goldenes Haar.
Sie kämmt es mit goldenem Kamme
und singt ein Lied dabei;
das hat eine wundersame,
gewaltige Melodei.

Den Schiffer im kleinen Schiffe
ergreift es mit wildem Weh;
er schaut nicht die Felsenriffe,
er schaut nur hinauf in die Höh'.
Ich glaube, die Wellen verschlingen
am Ende noch Schiffer und Kahn;
und das hat mit ihrem Singen
die Loreley getan.

Heinrich Heine

2. Leitwort

Von dem russischen Dichter Fedor Dostojewski sind uns folgende Worte überliefert: „Es gibt nichts Wichtigeres, Stärkeres, Gesünderes und Nützlicheres im fortgeschrittenen Alter als ein gutes Erinnern, besonders in Verbindung mit der Kindheit, mit dem Zuhause. Wen viele solcher Erinnerungen begleiten, der ist sicherer."

Darum wollen wir in dieser Stunde Erinnerungen austauschen, um miteinander erquickt zu werden und unser Altwerden besser zu meistern.

3. Gedicht: Weißt du noch

Weißt du noch, wie wir vor Jahren
frohgemut und sorglos waren?
Als der Wind das Haar dir lockte
und das Glück am Wegrand hockte.

Weißt du noch am Weizenfelde
blühten Rade, Mohn und Melde,
und der Schlag der Kirchenuhr,
hallte mahnend durch die Flur.

Weißt du noch, das Lied der Grille
schwang sich durch die Märchenstille,
und wir lauschten traumversunken
auch dem Flötenspiel der Unken.

Weißt du noch, in fernen Weiten
thronten die Unendlichkeiten,
und beim Nachtigallenschlag
schied von uns ein guter Tag.

F. Kukuk

4. Gespräch: Was fällt uns ein bei den Worten

Dampf – Pfiff – rote Mütze (Eisenbahn in alter Zeit)
Pumpenschwengel – Wassereimer – Nässe (Wasserholen)
Rote Nasen – Schlitten – Eis (Winter)
Lampe – Zylinder – Petroleum (Beleuchtung)
Rucksack – Butterbrote – wandern (Schulausflug)

5. Lesung: Der Schulausflug im Leiterwagen

Wochenlang freuten sich die Mädchen und Jungen der Dorfschule schon auf den Schulausflug. Drei Bauern haben je einen Leiterwagen, mit zwei Pferden bespannt, zur Verfügung gestellt. Sorgsam ist die Zeit zwischen der Heu- und Kornernte gewählt worden, in der die Pferde nicht soviel arbeiten müssen. Nun ist es endlich soweit. In aller Frühe stehen die Schüler am Treffpunkt. Die Leiterwagen sind schön geschmückt mit Zweigen und bunten Blättern, an den Längsseiten sind Sitze aus Brettern angebracht. Im Nu sind die Wagen bestiegen und mit Gesang geht's los. „Nun ade, du mein lieb Heimatland ..." schallt es in den Morgen. Der immer hungrige Fritz beginnt schon nach der ersten Wegbiegung, seinen Rucksack zu untersuchen. Eine Menge Butterbrote fördert er zutage und eine Flasche Himbeersaft. Die andern machen es ihm nach, so beginnt eine fröhliche Schmauserei.

Die Fahrt geht durch eine Stadt, die allen noch unbekannt ist. Was es da alles zu sehen gibt: hohe Häuser, Schaufenster, Passanten. Dort kommen zwei Reiter in Uniform, auf dem Bürgersteig führt eine alte Dame ihren Hund spazieren. Das hatten sie noch nie gesehen. So begegnet ihnen viel Neues.

Dann geht die Fahrt wieder durch die Wälder und Felder. Mit der Zeit fällt das Sitzen schon etwas schwer, denn Gummiräder gab es noch nicht. Zum Glück heißt es bald: „Alle aussteigen". Die Pferde werden zu einer langen Ruhepause ausgespannt. Die Schüler wandern durch den Wald zum Aussichtsturm. Es macht Spaß, über Stock und Stein zu springen nach der langen Fahrt. Doch was gibt es dort? Willi und Ernst machen einen Ringkampf. Da stolpert Ernst, fällt nach hinten und kullert weiter. Als er aufsteht, ist eine rosarote Bescherung zu sehen. Seine Flasche Johannisbeersaft ist kaputtgeschlagen. Der Saft hat die Rückseite von Ernst rosa gefärbt. Doch die Sache trägt zur allgemeinen Belustigung bei, denn es ging ohne Wunden ab.

Am Aussichtsturm wird erst mal Rast gemacht. Dann steigt man nach oben und errät die Namen der Berge und Dörfer ringsum. Dann geht's weiter. Heinrich hat gewettet, daß er ein hartgekochtes Ei mit bloßen Händen aufdrücken kann. Alles ist gespannt: Heinrich strengt sich gewaltig an, da ein Schrei! Das Ei war leider weich gekocht. Zwischen Heinrichs Fingern quillt die gelbe Masse hervor und verteilt sich auf Jacke und Hose. Alles lacht los. Heinrich macht zuerst ein dummes Gesicht, dann lacht er mit und sagt: „Und die Wette hab' ich doch gewonnen!" Nach einem langen Weg mit wunderbarer Aussicht ist man wieder bei den Leiterwagen, und dann geht es unter Gesang heimwärts. Die Pferde haben es eiliger als am Morgen, denn es geht ja zum Stall. Zu Hause nehmen besorgte Mütter ihre müden, aber glücklichen Kinder in Empfang. Sie sind sich einig, einen Schulausflug könnten sie jede Woche machen.

6. Gespräch: Was fällt uns ein bei ... (Fortsetzung)

Garnknäul – Süßes oder Wertvolles – Strickstrumpf (Wunderknäuel, je schneller man strickte, desto eher hatte man den Gewinn)
Tannen – Hexen – Brocken (Harz)
Frühgotische Kirche – Heilige Elisabeth – Behring (Marburg)
Hafen – Hanse – Hagenbeck (Hamburg)

7. Lied: Schön ist die Jugend

Schön ist die Jugend bei frohen Zeiten,
schön ist die Jugend, sie kommt nicht mehr.
Drum sag ich's noch einmal: Schön ist die Jugendzeit,
schön ist die Jugend, sie kommt nicht mehr.

Es blühen Rosen, es blühen Nelken,
sie welken alle im Jahreslauf.
Drum sag ich's noch einmal: Schön ist die Jugendzeit,
schön ist die Jugend, sie kommt nicht mehr.

Schön ist die Jugend, schön ist das Alter,
das Allerschönste kommt hinterher,
Drum sag ich's noch einmal: Schön ist die Jugendzeit,
schön ist das Alter und die Ewigkeit.

8. Gespräch

Welche Kleidungsstücke gibt es heute nicht mehr, oder nur selten?

Zusammentragen: Reifrock, Überzieher, Vatermörder (hoher Stehkragen), für Frauen: statt Kleiderkragen, Halskrause mit Stäbchen, Rock mit Schleppe und Besenborte, Reifrock, Umschlagtuch (Riesentuch, dreieckige Spitze hing hinten fast bis auf die Füße), Gamaschen, Knöpfschuhe, Handschuhe bis zum Ellenbogen und nur bis zu den mittleren Fingergliedern, Hut mit langer Reiherfeder, Hut mit Schleier, statt Handtasche ein Pompadour.

Wissen Sie noch mehr?

9. Gedicht: Ein Lebensalter

Noch keine 100 Jahre
da war's ein kühner Traum,
daß je ein Mensch durchfahre
im Flug den Weltenraum.

Gefesselt an der Erde war beides,
Fuß und Hand –
den Karren zogen Pferde,
und keiner sprach auf Band.

Man schlug im Wald die Schneisen
und kam nur zäh vom Fleck,
und niemand buchte Reisen
per Flug mit Euro-Scheck.

Zu Fuß ging man zur Schule,
die Sohlen waren rar,
die Ahne saß im Stuhle,
um sich die Enkelschar.

Man sah wohl in die Ferne,
doch nicht per Apparat.
Noch war die Gaslaterne
das Privileg der Stadt.

Noch keine 100 Jahre,
da starb man noch zu Haus,
und trug auf einer Bahre
die Toten still hinaus.

Heut sind wir stets auf Achse,
wir haben wenig Zeit.
Wir rufen nach der Taxe,
ist uns der Weg zu weit.

Wir rechnen elektronisch,
Kredit gibt uns die Bank.
Warum nur sind wir chronisch,
zutiefst im Herzen krank?

Helmut Lamparter

10. *Lied: Nun ade, du mein lieb Heimatland*

Nun ade, du mein lieb Heimatland,
lieb Heimatland, ade.
Es geht nun fort zum fremden Strand,
lieb Heimatland, ade.
Und so sing ich denn mit frohem Mut,
wie man singet, wenn man wandern tut,
lieb Heimatland, ade!

Wie du lachst mit deines Himmels Blau,
lieb Heimatland, ade.
Wie du grüßest mich mit Feld und Au',
lieb Heimatland, ade.
Gott weiß, zu dir steht stets mein Sinn,
doch jetzt zur Ferne zieht's mich hin:
Lieb Heimatland, ade!

Begleitest mich, du lieber Fluß,
lieb Heimatland, ade.
Bist traurig, daß ich wandern muß;
lieb Heimatland, ade.
Vom moos'gen Stein am wald'gen Tal,
da grüß' ich dich zum letztenmal:
Lieb Heimatland, ade!

11. Gedicht: Die alte Brücke

Hundert lange Jahre stand sie,
böse Fluten überwand sie,
und sie trotzte den Gewalten
in der guten Zeit, der alten.

Langsam rollten da die Wagen,
und sie hat sie brav getragen,
bis dann in der neuen Zeit
Autos rollten schwer und breit.

Dieses Tempo, dieses Hasten
und die ungewohnten Lasten,
dieses Donnern, dieses Dröhnen
ließen ächzen sie und stöhnen.

Dieses Rütteln, dieses Drücken
senkten ihren alten Rücken,
und sie duckte sich ganz steif,
altersschwach und abbruchreif.

Hart griff und erbarmungslos
bald ein Bagger, plump und groß,
in die morschen Fundamente.
Da ging es mit ihr zu Ende.

Und die alte Brücke klagte!
Wie es brach und hob und nagte!
Und ein Denkmal alter Zeit,
stieg in die Vergangenheit.

J. Kukuk

12. Andacht

Wenn wir zurückschauen, ist tatsächlich manches im Leben, das uns lieb war, endgültig vorbei, so wie es auch bei der alten Brücke ein totales Ende gab. Das tut weh. Freunde und Verwandte zogen fort oder starben vor uns, eigener Wohnungswechsel, körperliche oder seelische Nöte gilt es zu bejahen. Trotzdem wollen wir in der Andacht über das Gotteswort nachdenken: „Und vergiß nicht, was er dir Gutes getan hat" (Psalm 103,2).

Das allerbeste Gute, das Gott uns getan hat, ist, daß er uns seinen Sohn Jesus Christus gab, der für uns starb und nun für uns lebt. Zu ihm dürfen wir all das Schwere bringen, von dem wir sprachen. Dazu auch das eigene Versagen, die eigene und fremde Not. Er wartet darauf, daß wir die schweren Erinnerungen mit ihm besprechen und in seine Hände legen. Dadurch werden wir frei von dem Druck und müssen den Verlusten nicht nachtrauern. Nur so ist es möglich, über all das Gute nachzudenken, das Gott uns gab, denn es ist eine ganze Menge, und dafür zu danken.

Vor Jahren saß ich mit einer Jugendgruppe zusammen. Wir überlegten, wie viele Menschen uns wohl schon Gutes getan oder von Jesus gesagt hätten. Jeder hatte einen Stift und Papier zum Schreiben, und alle fingen eifrig an, Namen derer, die ihnen Gutes getan hatten, aufzuschreiben: Plötzlich knallte ein 16jähriger seinen Stift auf den Tisch, daß er durchs ganze Zimmer flog, dabei murmelte er: „Ist ja ganz unmöglich, sind ja viel zu viel." Damit hörte die Schreiberei auf. Aber bei uns allen blieb ein sehr tiefer Eindruck zurück von der Güte Gottes, die ja hinter all diesen Menschen stand. Ob Sie es auch einmal wagen, über diese Frage nachzudenken?

Aber nicht nur gütige Menschen ordnete Gott in unser Leben, sondern auch solche, die es uns schwer machten. Es ist aber tatsächlich so, daß wir auch böse Menschen, schwere Wegführungen als gute Gabe Gottes erkennen können, weil Gott dadurch in uns Gutes wirkte, den Willen stärkte, Geduld, Weisheit, Zufriedenheit wachsen ließ und vieles andere. Ich habe es so erfahren!

Es gibt auch 1000 kleine Freuden, die Gott in unser Leben ordnet: der Vogelgesang am frühen Morgen, der wohltuende Schlaf der Nacht, die gute Tasse Kaffee, das freundliche Wort eines Menschen usw.

Bruns übersetzt das Wort Psalm 103,2 so: „Vergiß nicht alle seine Wohltaten." Dazu in Vers 5: „Er sättigt dein Alter mit guten Gaben und erneuert deine Jugend wie das Gefieder des Adlers."

13. Bekenntnis: Rückblick

Herr, ich denke zurück,
ich gehe noch einmal den Weg durch
all meine Jahre.
Nicht an meine Leistung denke ich, sie ist gering.
Nicht an all das Gute, das ich getan habe, denke ich,
es wiegt leicht gegen die Last des Versäumten.

An das Gute, das du mir getan hast, denke ich und danke dir.
An die Menschen, mit denen ich gelebt habe, an alle Freundlichkeit und Liebe,
von der ich mehr empfangen habe, als ich wissen kann.
An jeden glücklichen Tag und jede erquickende Nacht.
An die Güte, die mich bewahrt hat
in den Stunden der Angst und der Schuld und der Verlassenheit.

An das Schwere, das ich getragen habe, denke ich,
an Jammer und Mühsal, deren Sinn ich nicht sehe.
Dir lege ich es in die Hand und bitte dich:
Wenn ich dir begegne, zeige mir den Sinn.
Ich denke zurück, Herr, an all die vielen Jahre.
Mein Werk ist vergangen, meine Träume sind verflogen.
Du aber bleibst!
Laß mich nun in Frieden aufstehen und heimkehren zu dir,
denn ich habe deine Güte gesehen.

Jörg Zink